天津市高等职业教育专业对接服务产业发展报告（2023年）

耿 洁 等 编著

清華大學出版社

北 京

内 容 简 介

　　本书通过天津市1所应用技术大学和23所高等职业学校专业对接服务产业的实践研究，构建了天津市高等职业教育对接服务产业发展研究框架与指标体系，客观呈现天津市高等职业教育"做了什么""做得怎样"。全书共八章，从专业结构与布局、人才培养与培训、就业创业与技能赛事、国际化与鲁班工坊、技术服务与科研等五个方面，系统梳理了高等职业教育对接服务产业发展情况，全面呈现天津市高等职业院校服务产业发展的做法与成效，分析了天津市高等职业教育改革发展的趋势并提出针对性建议。

　　本书体系完整、结构清晰、材料丰富，数据和案例翔实，呈现方式简洁，是行业管理部门、产业园区行业主管部门、行业企业及相关协会组织、教育和职业教育行政管理部门、各类研究机构、各类大中小学校深度了解、研究天津高等职业教育的重要参考资料，也是广大关爱、支持职业教育的社会人士观察、关注职业教育的重要窗口。

图书在版编目 (CIP) 数据

　　天津市高等职业教育专业对接服务产业发展报告 . 2023 年 / 耿洁等编著 . —北京：清华大学出版社，2024.4

　　ISBN 978-7-302-65868-9

　　Ⅰ . ①天…　Ⅱ . ①耿…　Ⅲ . ①高等职业教育－服务业－产业发展－研究报告－天津－2023　Ⅳ . ① F726.9

　　中国国家版本馆 CIP 数据核字 (2024) 第 063833 号

责任编辑：陈　莉
装帧设计：方加青
责任校对：马遥遥
责任印制：杨　艳

出版发行：清华大学出版社
　　　　　网　　　址：https://www.tup.com.cn，https://www.wqxuetang.com
　　　　　地　　　址：北京清华大学学研大厦 A 座　　　　　邮　　　编：100084
　　　　　社　总　机：010-83470000　　　　　　　　　　邮　　　购：010-62786544
　　　　　投稿与读者服务：010-62776969，c-service@tup.tsinghua.edu.cn
　　　　　质　量　反　馈：010-62772015，zhiliang@tup.tsinghua.edu.cn
印　装　者：三河市龙大印装有限公司
经　　　销：全国新华书店
开　　　本：170mm×240mm　　　印　　张：13　　　字　　数：158 千字
版　　　次：2024 年 4 月第 1 版　　　印　　次：2024 年 4 月第 1 次印刷
定　　　价：98.00 元

产品编号：102659-01

编写指导

李　力　天津市教育委员会职业教育处
李友得　天津市教育委员会职业教育处

编写团队

耿　洁　天津市教育科学研究院职业教育研究中心
田　兢　天津市教育科学研究院科研处
李　文　天津市教育科学研究院职业教育研究中心
张　弛　天津市教育科学研究院职业教育研究中心
谢超爱　天津职业技术师范大学职业教育学院
张　妮　天津职业技术师范大学职业教育学院

支持院校

天津中德应用技术大学
天津市职业大学
天津医学高等专科学校
天津轻工职业技术学院
天津电子信息职业技术学院
天津现代职业技术学院

天津交通职业学院

天津渤海职业技术学院

天津海运职业学院

天津铁道职业技术学院

天津机电职业技术学院

天津商务职业学院

天津城市职业学院

天津城市建设管理职业技术学院

天津工业职业学院

天津滨海职业学院

天津石油职业技术学院

天津国土资源和房屋职业学院

天津生物工程职业技术学院

天津艺术职业学院

天津工艺美术职业学院

天津公安警官职业学院

天津体育职业学院

天津滨海汽车工程职业学院

前言
PREFACE

党和国家重视职业教育。习近平总书记指出，职业教育与经济社会发展紧密相连，对促进就业创业、助力经济社会发展、增进人民福祉具有重要意义。党的十八大以来，特别是《国家职业教育改革实施方案》出台以来，职业教育迎来大改革、大发展的新阶段，职业教育面貌发生了格局性变化。在天津市委、市政府的坚强领导下，天津市高等职业教育以习近平总书记关于教育的重要论述和对天津工作提出的"三个着力"要求为根本遵循，全面贯彻党的教育方针，落实立德树人根本任务，围绕天津市"一基地三区"城市定位和"津城""滨城"双城发展格局，牢牢把握专业建设改革基点，深化职业教育供给侧结构性改革，在服务国家战略、助力社会发展、深化产教融合等方面取得了显著成效。

为全面贯彻落实习近平总书记对职业教育的重要指示，紧紧围绕高质量发展的根本任务，天津市高等职业教育全面分析、总结对接服务产业发展的做法与成效，探索职业教育服务区域经济社会高质量发展的客观规律，天津市教育委员会、天津市教育科学研究院联合撰写了本书。

本书以习近平新时代中国特色社会主义思想为指导，以增强职业教育服务经济社会高质量发展适应性为目标，坚持前瞻性原则、发展性原则、可操作性原则，客观呈现天津市高等职业教育"做了什么""做得怎样"，进一步推进天津市职业教育产教融合创新发展。

本书坚持前瞻性原则，围绕天津市产业发展设计研究框架，紧密对接天津市12条重点产业链和12项现代服务业重点产业发展需求，从产业发展视角梳理、细化天津市高等职业教育对接服务产业的发展情况，探寻天津市高等职业教育改革与发展规律、趋势和存在的问题，为高质量发展提供决策参考。

本书坚持发展性原则，力求客观反映天津市高等职业学校对接服务产业发展的水平、做法及成效，展现天津市高等职业教育服务天津市经济社会高质量发展的适应性，突出服务产业的需求和领域，对接服务产业的重点和关键，对天津市高等职业教育的未来发展具有较强的引领作用。

本书坚持可操作性原则，围绕天津市1所应用技术大学和23所高等职业学校的实践探索，研究设计内容呈现方式。研究框架和指标注重整体实践与典型案例结合、常态性指标与实时性指标结合、代表性指标与可得性指标结合，确保研究结果客观、准确地反映天津市高等职业教育对接服务产业发展的现实。

本书的编写得到了天津中德应用技术大学(1所应用技术大学)，以及天津市职业大学等23所高等职业学校的大力支持，书中未特别说明的数据均为2022年数据。

党的二十大报告指出："统筹职业教育、高等教育、继续教育协同创新，推进职普融通、产教融合、科教融汇，优化职业教育类型定位。"2022年12月，中共中央办公厅、国务院办公厅印发了《关于深化现代职业教育体系建设改革的意见》，提出一系列重大改革举措，并要求各地区各部门结合实际认真贯彻落实。2023年5月，教育部和天津市人民政府联合发布《教育部 天津市人民政府印发关于探索现代职业教育体系建设改革新模式实施方案的通知》，部市共建省域现代职业教育发展新模式。"浩渺行无极，扬帆但信风"，天津市高等职业教育又迎来新一轮建设潮，努力在提升职业学校关键能力、组建区域产教联合体、组建产业链产教融合共同体、打造职业教育国际交往中心、创新职普融通机制等方面，再接再厉、接续奋斗，再创佳绩。

目 录
CONTENTS

第一章　背景意义与基本概况 ⋯⋯⋯⋯⋯⋯⋯⋯⋯⋯⋯ 1

第一节　背景意义 ⋯⋯⋯⋯⋯⋯⋯⋯⋯⋯⋯⋯⋯ 2

一、贯彻落实党的二十大对职业教育的新要求 ⋯⋯⋯⋯ 2

二、提高职业教育服务经济社会高质量发展的适应性 ⋯⋯ 3

第二节　天津市高等职业学校基本概况 ⋯⋯⋯⋯⋯⋯⋯ 3

一、在现代职教体系中发挥主体力量 ⋯⋯⋯⋯⋯⋯ 5

二、在产教融合发展中彰显主力军作用 ⋯⋯⋯⋯⋯ 5

三、在国际合作发展中担当主创先锋 ⋯⋯⋯⋯⋯⋯ 6

第三节　天津市产业发展基本概况 ⋯⋯⋯⋯⋯⋯⋯⋯ 7

一、形成"三二一"产业结构格局 ⋯⋯⋯⋯⋯⋯⋯ 7

二、构建"1+3+4"现代工业产业体系布局 ⋯⋯⋯⋯ 8

三、推进重点产业链及服务业重点产业建设 ⋯⋯⋯⋯ 10

第四节　天津市产教融合政策支持概况 ⋯⋯⋯⋯⋯⋯⋯ 12

一、为职业教育产教融合注入科研力量 ⋯⋯⋯⋯⋯ 12

二、多措并举推进职业教育产教融合 ⋯⋯⋯⋯⋯⋯ 14

三、制定并出台深化职业教育产教融合重要文件 ⋯⋯⋯ 16

第五节　研究框架设计 ⋯⋯⋯⋯⋯⋯⋯⋯⋯⋯⋯⋯ 17

一、研究框架 ⋯⋯⋯⋯⋯⋯⋯⋯⋯⋯⋯⋯⋯⋯ 18

二、研究对象与方法 21

三、研究资料与文献 22

第二章 专业结构与布局 23

第一节 加强专业结构优化调整 25

一、2020—2022年增设专业数量 25

二、2020—2022年撤销专业数量 27

第二节 推进专业与产业全面对接 29

一、对接天津市重点产业链和现代服务业重点产业的专业大类
开设的专业数量 29

二、对接天津市产业链和现代服务业重点产业的专业数量及其
所占比例 30

三、对接"1+3+4"现代工业产业体系的专业与专业布点数量 ··· 31

第三节 做强做优高水平专业群 34

一、建设10个国家级"双高"专业群 34

二、建设20个市级"双高"专业群 42

第三章 人才培养与培训 51

第一节 落实立德树人根本任务 53

第二节 着力创新校企深度合作 55

一、牵头组建集团、联盟、协会 56

二、成立产业学院 59

三、建设协同创新中心 62

第三节　持续提升人才培养对接度 ····························66

一、对接天津市产业链和现代服务业重点产业的在校生、招生
和毕业生情况 ·································· 66

二、学徒制和订单班在校学生情况 ················· 68

三、学徒制和订单班企业兼职教师授课学时情况 ········· 70

四、岗位实习学生情况 ······················ 71

第四节　大力开展技术技能培训 ····························72

一、承担企业培训人次和学时情况 ················· 73

二、培训项目和服务企业情况 ··················· 73

三、对接产业链和现代服务业重点产业的企业培训情况 ······· 73

第四章　就业创业与技能赛事 ····························75

第一节　夯实就业，深化创业 ·····························77

一、毕业生就业人数与去向落实人数 ··············· 77

二、毕业生用人单位满意度 ···················· 78

三、创新引领创业、创业带动就业 ················· 80

第二节　成功创办世界职业院校技能大赛 ···················83

一、世校赛呈现三大特色 ····················· 83

二、世校赛实现六大创新 ····················· 86

第三节　以赛促教、促学、促转化 ·······················87

一、健全三级技能竞赛机制 ···················· 87

二、以赛促教提升人才培养质量 ·················· 91

第五章　国际化与鲁班工坊 ································· **95**

第一节　创建职业教育国际交流合作新平台 ················· 97

　　一、成功举办世界职业技术教育发展大会 ············· 97

　　二、形成"会、盟、赛、展"国际交流合作新范式 ······· 103

第二节　打造"一带一路"相关国家的技术驿站 ············· 108

第三节　深化与当地国产业发展的对接 ····················· 115

第四节　启动中亚三国鲁班工坊建设 ······················· 118

第六章　技术服务与科研 ······························· **123**

第一节　积极建设技术服务平台 ··························· 124

第二节　探索技术成果转化与服务 ························· 127

　　一、三成专利对接产业链和现代服务业重点产业 ········· 127

　　二、近三成技术成果转化对接产业链和现代服务业重点产业 ·· 129

　　三、三成技术服务项目对接产业链和现代服务业重点产业 ····· 130

第三节　加大科研课题研究力度 ··························· 131

　　一、近三成纵向课题对接产业链和现代服务业重点产业 ······· 131

　　二、超三成横向课题对接产业链和现代服务业重点产业 ······· 132

第七章　存在问题与对策、建议 ······················· **137**

第一节　优化专业对接服务产业的结构与内容效度 ········· 138

第二节　加强专业对接服务产业薄弱环节 ··················· 139

第三节　大力推进产教融合基础上的科教融汇 ··············· 140

第四节　加快推进产教融合立法和信息化建设 ··············· 141

第八章　专业对接服务产业十大案例 ················· **143**

案例一　服务区域产业发展，持续提升专业建设内涵 ·········· 144

一、应对制造业转型升级，带动跨界技术整合 ········· 144

二、推进信创产业发展，构筑区域主导产业人才培养高地 ····· 147

三、匹配生物医药产业人才需求，优化"三教"改革路径 ····· 148

案例二　聚焦精密模具领域，打造海鸥表业的中国特色现代

　　　　学徒制 ·· 149

一、校企研发关键技术，取得民族品牌重大技术突破 ········ 149

二、对接机械表全生产链，构建"钟表匠"学徒制人才

　　培养模式 ······································ 150

案例三　探索服务多元路径，助力技术技能创新 ············· 151

一、组建信创产教联盟，推动产学研用交流与合作 ······· 151

二、加强横向技术合作，解决企业生产性难题 ········ 153

三、打造双大师工作室，联合攻关化解钢铁企业难题 ······· 154

四、坚持科技特派员制度，服务中小微企业技术革新 ······· 155

案例四　重构专业发展载体，行企校共建产业学院 ············· 157

一、紧密对接国家战略，创建"津电"系列产业学院 ······· 157

二、立足文化产业园区，共建国家动漫园产业学院 ········ 159

三、紧扣行业最新科技，共建智慧新居住产业学院 ········ 161

案例五　聚焦关键技术项目，科教融汇协同创新 ············· 161

一、服务大国重器自主应用，打造技术创新样板与范式 ····· 161

二、探索突破生物医药和精准诊疗技术难题，提升科研

　　创新转化效能 ·································· 165

三、校企共研"揭榜挂帅"科技项目，突破电网组塔

　　关键技术 ······································· 167

案例六　聚焦民生需求，强化康养服务成效 ………………… 168

一、政行企校协同，创建"健康照护人才服务"天津模式 ⋯⋯ 168

二、医教协同、五业联动，打造养老产教融合共同体 ⋯⋯⋯ 170

三、"小棉袄"关爱行动，推进社区智慧助老 ⋯⋯⋯⋯⋯ 172

案例七　传承创新非遗文化，彰显天津传统文化时代价值 ⋯⋯ 172

一、共建泥人张彩塑工作室，助力天津非遗文化技艺传承 ⋯⋯ 172

二、共建杨柳青年画大师工作室，创新天津非遗文化的数字化
传承 ……………………………………………………… 173

案例八　完善育训并举模式，持续提升职教贡献度 ⋯⋯⋯⋯ 176

一、共建风光储VR虚拟仿真系统，联合开展专业人才培养
培训项目 ……………………………………………… 176

二、打造"专—本—硕—博"医学实验室，构建"技术技能
培养+科研创新转化"模式 …………………………… 177

三、开展规模性社会培训，持续发挥职业教育服务社会的
功能 ……………………………………………………… 178

案例九　多渠道发力，精准培养技术技能人才 ………………… 179

一、对接企业发展需求，批量培养现场工程师 ⋯⋯⋯⋯ 179

二、供给需求全方位融合，创新校企协同模式 ⋯⋯⋯⋯ 180

三、携手中小微与龙头企业，共建"育研创培"产教融合
基地 ……………………………………………………… 182

案例十　推进电商技术应用，助力高质量发展电子商务 ⋯⋯⋯ 185

一、"小学徒"能干"大事业"，为天津老字号企业注入新的
发展动力 ……………………………………………… 185

二、与京东共建跨境电商专业，共筑校企命运共同体 ⋯⋯ 190

三、着力培养农村电商人才，推进数字媒体赋能乡村 ⋯⋯ 194

第一章 背景意义与基本概况

党的二十大报告强调"推进职普融通、产教融合、科教融汇，优化职业教育类型定位"，对职业教育的改革与发展提出新要求。研究职业教育专业对接服务产业这一问题，需要牢牢把握职业教育的重要使命和历史机遇，加快转变观念，跳出教育看教育、立足全局看教育、放眼长远看教育，从国家战略、产业发展、个体成长成才等多维度、全方位谋划设计，为推进产教融合、科教融汇提供决策支撑。天津市高等职业教育专业对接服务产业的研究工作是一项新的课题，没有现成的框架可参考，研究组在天津市教育委员会职业教育处的带领下，经过多次专题研讨，坚持问题导向，聚焦产教融合，确定了从产业视角看职业教育，再从职业教育视角定产业服务效果的研究思路、研究内容和呈现方式。

◆ 天津市高等职业学校在现代职教体系中发挥主体力量。

◆ 天津市高等职业学校在产教融合发展中彰显主力军作用。

◆ 天津市高等职业学校在国际合作发展中担当主创先锋。

◆ 围绕天津市现代工业体系重点产业链和现代服务业重点产业，构建天津市高等职业教育专业对接服务产业发展研究框架并制定相关指标。

第一节 背景意义

一、贯彻落实党的二十大对职业教育的新要求

党的二十大报告强调"教育、科技、人才是全面建设社会主义现代化国家的基础性、战略性支撑"，首次将教育、科技、人才一体安排部署，赋予教育新的战略地位、历史使命和发展格局。职业教育是国民教

育体系和人力资源开发的重要组成部分，对建设教育强国、科技强国、人才强国具有十分重要的意义。

二、提高职业教育服务经济社会高质量发展的适应性

习近平总书记强调："职业教育与经济社会发展紧密相连，对促进就业创业、助力经济社会发展、增进人民福祉具有重要意义。"2022年12月，中共中央办公厅、国务院办公厅印发《关于深化现代职业教育体系建设改革的意见》，提出了"一体两翼五重点"的系列举措，要求把服务国家战略、服务区域经济社会发展、服务人的全面发展作为根本目标，把促进产教融合、职普融通作为关键路径和必答问题，把提高办学质量作为基础工程，把加强国际交流合作作为新赛道，扎实推进现代职业教育体系建设。2022年修订并实施的《中华人民共和国职业教育法》纳入了全国职业院校技能大赛的内容。为推进职业教育高质量发展，国家做出了一系列制度安排，职业教育需要回答好"专业如何对接产业"的问题，在更加充分地对接国家战略，更加聚力地培养技术技能人才，更加主动地创新技术服务，更加积极地服务区域经济社会发展上"破题"，切实增强职业教育适应性。

第二节　天津市高等职业学校基本概况

职业教育是天津市的一张靓丽名片。天津市是我国近代工业发源地之一，具有深厚的历史底蕴。从近代"工学并举"到中华人民共和国成立之初的"半工半读"，再到21世纪初的"工学结合""五业联动"，"产教""校企"成为天津市职业教育历史发展的基因。天津市职业教育在解放思想、与时俱进中接续传承、发展创新，使产教融合、校企合作始终体现时代性、富于创造性。天津市一百年多年的职业教育发展历程，是

一部职业教育变迁史，也是一部改革创新发展史。天津市职业教育走出了一条具有天津特点的产教融合发展之路，积累了发展经验，彰显了实践性优势。天津市集中攻坚的重点工业产业链和重点发展的现代服务业产业见图1-1。

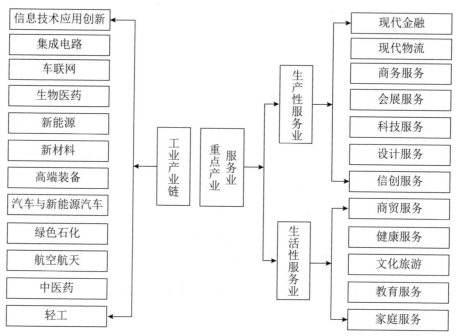

图1-1　天津市集中攻坚的重点工业产业链和重点发展的现代服务业产业

近年来，天津市职业教育不断锐意进取，改革创新，形成了鲜明的特色和优势，总体水平全国领先，始终走在全国职业教育改革发展的前列。天津市先后被教育部确立为首个"国家职业教育改革试验区"、全国唯一的"国家职业教育改革创新示范区"、"国家现代职业教育改革创新示范区"和"国家现代职业教育创新发展标杆"。2019年，在国务院第六次大督查中，天津市"打造职业教育高水平聚集园区助力经济社会发展"的典型经验获得国务院通报表扬。2021年，天津市"以改革促创新，全面建设新时代职业教育创新发展标杆"的典型案例得到国务院教育督导办通报表扬。2021年和2022年，天津市连续两次入选国家职业教育改革成效明显省市，实现历史性突破。

一、在现代职教体系中发挥主体力量

天津市高等职业教育是天津市现代职业教育体系中的主体力量，在改革创新实践中发挥着重要的主体作用。截至 2022 年底，天津市有独立设置的高等职业学校 23 所，占中等职业学校和高等职业学校总数的36.51%；高等职业学校在校生 205 876 人，占中等职业学校和高等职业学校在校生总人数的 71.99%。其中，7 所学校入选国家"双高计划"，天津市职业大学跻身高水平学校 A 档，位列全国前 10 名，20 所学校入选市级"双高计划"。2023 年，天津市高等职业教育招生专业点有 740 个，除水利大类，实现其他 18 个专业大类全覆盖。此外，天津市还拥有职业教育类本科院校 2 所，天津职业技术师范大学是我国最早建立的以培养职业教育师资为主要任务的本科院校，设有服务国家特殊需求博士人才培养项目 1 个、学术型一级学科硕士点 10 个、硕士专业学位类别9 个、本科专业 51 个；天津中德应用技术大学是国内第一所应用技术大学，现有专业硕士学位点 1 个、本科专业 22 个。

二、在产教融合发展中彰显主力军作用

天津市高等职业教育是天津市产教融合中最具活力和创新力的主体力量，在人才培养、校企合作、国际化发展等方面始终保持守正创新的初心和锐意进取的动力，在多年探索中形成了产业、行业、企业、职业与专业"五业联动"的现代职业教育发展新模式。"政、行、企、校、研"五方携手共促职业教育发展机制，政府统筹、行业主办、教育管理、企业参与的办学机制成为天津市职业教育的鲜明特色，有效提升并保持了天津市职业教育的核心竞争力。天津市始终坚持以用立业，注重发挥行业和企业办学的重要主体作用，全市 70% 左右的高等职业学校

由行业和企业主办。专业设置动态调整机制健全，密切对接区域主导产业，及时调整、优化专业布局与结构，天津市装备制造和电子信息大类专业设置比例稳居 30% 以上，"一老一小"领域专业设置稳中有升。2020—2022 年，新增专业均密切对接"1+3+4"现代工业产业体系及现代服务业，撤销不适应产业发展的老旧专业 33 个。天津市职业教育支撑产业转型升级作用愈加明显，有效实现专业链、产业链和人才链融合发展；支撑产业引育，会同天津市发展和改革委员会培育产教融合型企业 193 家，助推国家产教融合型试点城市建设；助力企业技术研发和产品创新，各职业学校与华为、360、京东、林肯汽车等龙头企业共建产业学院和技术工程中心等百余个，攻克手表机芯零件高速精密级进模具等"卡脖子"关键技术，填补国内空白；建设国家示范性职教集团培育单位 6 个，职业学校年培训企业员工超 40 万人次，让更多青年凭借一技之长实现人生价值。

三、在国际合作发展中担当主创先锋

截至 2023 年底，天津市首创鲁班工坊并率先在亚非欧三大洲的 22 个国家建成 23 个鲁班工坊。高等职业学校是鲁班工坊建设的主力军，其中，牵头建设鲁班工坊的高等职业学校有 14 所次，占牵头建设鲁班工坊学校总数的 66.67%；参与建设鲁班工坊的高等职业学校有 13 所，占全市高等职业学校总数的 56.52%；高等职业学校参与建设频次为 18 所次，占参与建设鲁班工坊所有学校频次总数的 60%。2016 年至今，已建成的鲁班工坊围绕智能科技、新能源、新材料、先进制造、铁路运营、汽车工业、中医中药等重点领域，开设了工业机器人、增材制造、新能源、云计算、物联网、动车组检修、汽车维修、物流管理、中餐烹饪、中医药、跨境电商、智慧农业等 14 大类 53 个专业，合作举办的学历教育包括中职、高职、应用本科、研究生四个层次。开展学历教育达到 3 200 余人，面向中资企业、合作国当地企业及师生的培训规模超过 11 000 人，实现了国际产教融合与校企合作，为合作国家培养了大量熟悉中国技术、了解中国工艺、认知中国产品的技术技能人才。[①] 主持开发并应用国际化专业教学标准 85 个，其中 14 个被纳入鲁班工坊合作国国民教育体系。成立鲁班工坊研究与应用推广中心、产教融合发展联盟，制定鲁班工坊建设规范和标准，为"一带一路"共建国家职业教育的发展贡献了中国方案、天津智慧。

第三节　天津市产业发展基本概况

天津承担着推进京津冀协同发展、服务"一带一路"建设等重大国家战略任务，拥有独特的区位、产业、港口、交通等优势，以及"一基地三区"（全国先进制造研发基地、改革开放先行区、北方国际航运核心区、金融创新运营示范区）、自由贸易试验区、国家自主创新示范区等先行先试功能定位。近年来，天津主动融入新发展格局，加快新旧动能转换，致力提升产业核心竞争力，围绕产业链部署创新链，围绕创新链布局产业链，打造自主创新重要源头和原始创新主要策源地。

一、形成"三二一"产业结构格局

从 2017 年开始，天津市形成了"三二一"产业结构格局。[②] 2022年，天津市地区生产总值 16 311.34 亿元，其中第一产业增加值 273.15亿元，第二产业增加值 6 038.93 亿元，第三产业增加值 9 999.26 亿元；三次产业结构为 1.7∶37.0∶61.3。

天津市现代服务业新体系逐步形成，生产性服务业与生活性服务业

---

① 行走在"一带一路"上的"鲁班". 人民网，2023-07-27.

② 天津市服务业发展成绩斐然——天津改革开放 40 年经济社会发展成就系列报告之十五，天津市统计局，2018-12-07.

蓬勃发展。天津市重点发展与先进制造业密切联系的生产性服务业,基本形成了以金融业、批发零售业、房地产业为主要支撑的服务业体系,融资租赁行业在全国保持领先地位。在服务业开放发展政策支持方面,2016年国务院批复在天津等15个省市(区域)开展服务贸易创新发展试点,2018年批复为深化服务贸易创新发展试点。2020年10月,天津市人民政府办公厅印发《天津市全面深化服务贸易创新发展试点实施方案》(津政办规〔2020〕18号),明确"立足服务京津冀协同发展和'一带一路'建设重大国家战略,发挥自贸试验区和国家自主创新示范区先行先试的优势,服务'一基地三区'功能定位",推动服务业深化改革。2022年3月,天津市人民政府办公厅印发《关于促进生活性服务业发展的若干措施》(津政办发〔2022〕15号)。2021年4月,商务部印发《天津市服务业扩大开放综合试点总体方案》(商资发〔2021〕62号),提出将天津市打造成为生产性服务业发展先行区,围绕数字、金融、物流、贸易、信息服务、医疗健康、教育等重点领域,率先推动航运物流服务、科学技术服务、互联网和信息服务、金融服务、新业态服务等重点领域扩大开放。

二、构建"1+3+4"现代工业产业体系布局

天津市工业历史悠久,产业门类齐全。天津市作为国内重要的工业城市,承担着建设全国先进制造研发基地的历史重任。天津市把制造业作为立市之本、强市之基,立足全国先进制造研发基地定位,围绕产业基础高级化、产业链现代化,以智能科技产业为引领,着力壮大生物医药、新能源、新材料等新兴产业,巩固并发展装备制造、汽车、石油化工、航空航天等优势产业,加快构建以智能科技产业为引领的"1+3+4"现代工业产业体系,推动冶金、轻纺等传统产业高端化、绿色化、智能

---

① 天津市 2023 年政府工作报告.

化升级，打造制造强市。

"1"指智能科技产业，即高技术产业，以人工智能产业为核心，以新一代信息技术产业为引领，以信创产业为主攻方向。在人工智能产业领域，主要发挥自主算力引擎、智慧港口、车联网应用"三大示范"作用。2020年8月，天津市人民政府办公厅在《天津市建设国家新一代人工智能创新发展试验区行动计划》(津政办发〔2020〕21号)中明确提出，到2024年，培育10家百亿级以上的人工智能领军企业、50家以上细分领域处于领先地位的人工智能高新技术企业，形成3至5个千亿规模的人工智能产业创新集群。信创产业以"中国信创谷"为核心，围绕CPU、操作系统、数据库、安全软件、整体解决方案等产业链关键环节，依托飞腾、海光、麒麟软件、南大通用、神州通用等重点企业，推动产业链、供应链企业、重点项目加速集聚，引进数据访问中间件、消息中间件、云中间件等项目。"中国信创谷"将在全国范围内打响品牌，集聚自主创新成果，实现产业规模化发展。[①]

"3"指生物医药、新能源、新材料等三大战略性新兴产业。在生物医药产业领域，巩固并提升化学药和现代中药优势，加快发展生物药、高端医疗器械、智慧医疗与大健康等新兴产业。到2025年，预计产业规模突破1 000亿元，年均增长10%，成为国内领先的生物医药研发转化基地。在新能源产业领域，扩大锂离子电池产业优势，壮大风电产业规模，强化太阳能产业集成，加快氢能产业布局。到2025年，预计产业规模达到1 200亿元，年均增长8%，打造全国新能源产业高地。在新材料产业领域，满足制造业高质量发展的要求，发展新一代信息技术材料、生物医用材料、新能源材料、高端装备材料、节能环保材料和前沿新材料六大重点领域。到2025年，预计产业规模达到2 400亿元，年均

---

① 前瞻产业研究院.2021年天津产业结构之高技术产业结构全景图谱.

增长 8%，建成国内一流的新材料产业基地。[①]

"4"指航空航天、高端装备、汽车、化工石油等四大优势产业。在航空航天产业领域，将重点发展飞机关键配套协同、直升机研制维修应用、无人机研发制造应用、火箭和航天器等四个领域，全面提升产业智能化水平和创新能力，构建集研发、制造、维修、服务于一体的产业体系。到 2025 年，预计产业规模达到 50 亿元，年均增长 20%，形成具有国际先进研发制造水平的航空航天产业集群。在高端装备产业领域，聚焦研发设计、高端制造、系统集成和服务等核心环节，壮大智能装备产业，提升轨道交通装备产业发展水平，着力打造海洋装备产业集群，形成一批具有国际竞争力的高端产品品牌。到 2025 年，预计产业规模达到 2 800 亿元，年均增长 7%，成为具有全球影响力的高端装备产业示范基地。在汽车产业领域，坚持电动化、网联化、智能化发展方向，大力发展节能和新能源汽车、智能网联汽车，提升关键零部件的本地配套率，鼓励产业间跨界融合，提高产业国际化水平。到 2025 年，预计产业规模达到 3 000 亿元，年均增长 5.5%，打造全国新能源汽车与智能网联车发展高地。在化工石油产业领域，在精细化、绿色化、智能化上下功夫，提高炼化一体化水平，大力发展烯烃深加工、高端精细及专用化学品，拉长产业链，推动产业结构优化和转型升级。到 2025 年，预计产业规模达到 2 600 亿元，年均增长 7.5%。[②]

三、推进重点产业链及服务业重点产业建设

2021 年 5 月，天津市人民政府印发《天津市产业链高质量发展三年行动方案 (2021—2023 年)》，围绕加快构建"1+3+4"现代工业产业体系，聚焦重点产业和关键领域，以产业链为抓手，集中攻坚信息技术应

---

① 天津市人民政府办公厅关于印发天津市制造业高质量发展"十四五"规划的通知 [Z]. 津政办发〔2021〕23 号，2021-07-07.

② 前瞻产业研究院 . 2021 年天津市产业结构全景图谱 .

用创新、集成电路、车联网、生物医药、新能源、新材料、高端装备、汽车和新能源汽车、绿色石化、航空航天 10 条产业链。其中，做强信息技术应用创新、生物医药、新能源、高端装备、汽车和新能源汽车 5 条"强链"，壮大车联网、新材料 2 条"新链"，延长集成电路、绿色石化、航空航天 3 条"短链"，培育一批链主企业，推动产业链上下游、产供销整体配套。2021 年 6 月，天津市人民政府办公厅印发的《天津市制造业高质量发展"十四五"规划》(津政办发〔2021〕23 号) 提出，在加快构建"1+3+4"现代工业产业体系的同时，推动冶金、轻纺等传统产业高端化、绿色化、智能化升级。2022 年 1 月，天津市卫生健康委员会印发《天津市中医药产业链工作方案》，同年天津市第十二次党代会报告提出："促进中医药传承创新发展，打造国内领先、世界知名的中医药强市。"从构建"1+3+4"现代工业产业体系，到深耕信息技术应用创新、集成电路、车联网、生物医药、中医药、新能源、新材料、航空航天、高端装备、汽车和新能源汽车、绿色石化、轻工 12 条重点产业链，天津市不断夯实制造业基础，精细描绘高质量发展新图景。

2021 年 4 月，天津市人民政府办公厅印发《天津市服务业扩大开放综合试点总体方案》(津政办发〔2021〕26 号)，旨在打造生产性服务业发展先行区。同年 7 月，天津市发展和改革委员会印发《天津市服务业发展"十四五"规划》(津发改服务〔2021〕204 号)，指出："'十四五'期间，天津加快实施制造业立市发展战略，将基本实现'一基地三区'功能定位，初步建成国际消费中心城市、区域商贸中心城市，推动形成滨城、津城双城发展格局。"天津市还将加快提高服务业发展层级和水平，"十四五"期间，服务业增加值年均增速将保持在 6.5% 左右，预计到 2025 年，占地区生产总值的比重达到 65% 左右。天津市还明确了"十四五"期间服务业发展的重点领域，包括生产性服务业的现代金融、现代物流、商务服务、会展服务、科技服务、设计服务、信息技术应用创新服务 7 大领域，生活性服务业的商贸服务、健康服务、文化旅游、教育服务、家庭服务 5 大领域。当前，天津市服务业的发展驶入"快车道"，2022 年服务业增加值占全市生产总值的比重达到 61.3%，其中生产性服务业增长 12.9%。2023 年，产业链规模合计达到 1.3 万亿元，年均增长 10.4%，其中，集成电路产业链年均增长 20%，信息技术应用创新、高端装备、车联网产业链年均增长 15%，其他产业链年均增速都在 8% 以上。[①] 到 2025 年，预计生产性服务业增加值占服务业比重在 66% 左右，社会消费品零售总额超过 4 500 亿元。[②]

第四节　天津市产教融合政策支持概况

天津市职业教育始终坚持走中国特色职业教育产教融合与校企合作之路，持续不断地为深化产教全面深度融合提供政策支持；创建高端职业教育科研体系，成立天津市产教融合研究院，为天津市职业教育产教融合注入科研力量；扎实推进产教融合型试点城市建设，培育产教融合型企业，探索并推进职业教育产教融合深化创新；制定并出台深化产教融合重要文件，提出深化产教融合办法，完善深化产教融合激励制度。

一、为职业教育产教融合注入科研力量

2021 年 1 月，教育部和天津市人民政府印发《教育部 天津市人民政府关于深化产教城融合 打造新时代职业教育创新发展标杆的意见》（津政发〔2021〕1 号），提出创建高端职业教育科研体系，"成立职业教育研究院，整合天津大学、天津市教育科学研究院和天津职业技术师范大学的科研力量，发挥京津冀职业教育协同发展研究中心作用，联合

---

① 天津市逐链编制 12 条重点产业链工作方案 上半年工业利润 762 亿元同比增 96.1%. 天津日报 .

② 天津市发展和改革委员会关于印发天津市服务业发展"十四五"规划的通知 [Z]. 津发改服务〔2021〕204 号，2021-07-24.

国内外知名高校与研究机构，打造高度协同的职业教育研究链条，积极主动承担职业教育专业课题研究任务"，并提出"成立产教融合研究院，动态发布企业需求信息。绘制职业教育专业建设与产业发展谱系图，建立职业教育专业质量评价、专业预警调控机制，优化调整专业布局"。

为落实《教育部 天津市人民政府关于深化产教城融合 打造新时代职业教育创新发展标杆的意见》，天津市教育两委依托天津市教育科学研究院，汇聚天津和全国职业教育研究领域优质资源，成立天津市职业教育研究院、天津市产教融合研究院、天津市职业教育发展评估中心，同步深化建设已有的鲁班工坊研究与推广中心、国家职业教育质量发展研究中心，依托天津轻工职业技术学院成立非洲职业教育研究中心，简称"两院四中心"。

2022年，天津市教育委员会印发《天津市职业教育事业发展"十四五"规划》(津教政〔2022〕4号)，进一步细化产教融合研究院建设要求，提出联合教育、产业、人力资源等部门，以科研机构和相关高校为依托，凝聚政府、行业、企业、职业院校、科研院所等各方力量，围绕产教融合基本理论、区域重点产业发展现状与趋势、人力资源需求与预测、职业教育与产业发展的协调性、校企双主体育人等方面开展研究，定期发布权威、详尽的产业数据、劳动力数据和职业教育数据，发布职业教育与产业对接情况年度报告，指导职业学校布局和专业动态调整；要求搭建产教供需对接信息化平台，为校企合作开展人才培养、技术研发、成果转化、社会培训、择业就业搭建桥梁。

天津市产教融合研究院自成立以来，完成《2022年天津市中等职业教育质量年度报告》《2023年天津市中等职业教育质量年度报告》《2023年天津市高等职业教育质量年度报告》《2023年天津市职业教育质量发展报告》等专题报告；完成《天津市职业教育建设与产业发展谱系图研究报告》《天津市职业院校顶岗实习工作情况调研报告》《改革创新 夯实天津职业教育产教融合之路》等专题研究；组织完成"职业教育研究高地项目"的天津市职业院校混合所有制办学指导意见，职业教育集团建设指导意见，中国特色高层次学徒制试点指导意见，产教融合型企业培育建设实施细则，职业院校校企"共聘共育""双栖制"引人用人机制，职业教育专业建设与产业发展谱系图绘制，职业院校技术创新能力提升计划，新型活页式教材等19项专题研究，为进一步完善天津市职业教育产教融合的政策研究与制定提供强有力的科学研究基础。

二、多措并举推进职业教育产教融合

健全产教融合与经济社会发展联动机制，扎实推进首批国家产教融合型试点城市建设。将产教融合纳入天津市津南区经济社会发展规划及区域发展、产业发展、"双碳"先行示范区、城市建设和重大生产力布局规划，推动海河教育园内各学校建立紧密对接产业链、创新链的学科专业体系，促进产教城融合发展。强化人才培养需求导向，发布天津市津南区高等学校及职业学校毕业生就业质量年度报告、天津市津南区引聚人才年度报告、职业教育专业布局与需求分析报告，完善专业准入及退出机制。出台支持创新发展聚集区建设的一揽子政策，落实天津市支持产教融合发展的举措清单，优化企业、学校、人才协同发展的政策环境。建立产教融合基础资源库，制定校企合作目录。发挥产教联盟、展教联盟的作用，推进行业内共享校企优质科研资源、人才资源，赋能产业发展。落实海河教育园"揭榜制"，面向全国开展科技创新需求揭榜攻关。加强产教融合创新创业大赛、动力与电气领域产教融合赛事制度建设。

统筹城市、行业、企业三个层次的资源，发挥城市承载、行业聚合、企业主体的作用，建立以城市为依托、以行业为支点、以企业为重点的产教融合新机制。建立产教融合型企业认证制度，培育200家以上产教融合型企业，对纳入产教融合型企业建设培育范围的试点企业，兴

办职业教育投资符合规定的，可按投资额的30%抵免当年应缴教育费附加和地方教育附加；对进入目录的产教融合型企业给予"金融＋财政＋土地＋信用"组合式激励。深度开展校企协同育人改革，推进校企共同建设高水平专业、共同开发课程标准、共同编写新型教材、共同打造高水平结构化教学团队、共同开展技术研发、共同实施职业技能等级证书试点，形成"六共同"校企合作模式。发挥职教集团推进企业参与职业教育办学的纽带作用，打造10个高水平示范性职教集团（联盟）。①

校企深度融合开展人才培养模式改革。扩大现代学徒制和企业新型学徒制人才培养规模，通过政府购买服务、落实税收政策等方式，在产教融合型企业设立学徒岗，推动学生到企业实习实训制度化、规范化，保障学生享有获得合理报酬等合法权益。深化海河教育园内职业学校办学体制改革，在技术性、实践性较强的专业，推行以"招工即招生、入厂即入校、校企双师联合培养"为主要内容的现代学徒制和企业新型学徒制。推进"1+X"证书制度试点工作，育训结合、长短结合、内外结合，面向在校学生和全体社会成员开展职业培训。

打造高水平产教融合实训基地集群。主动对接产业发展、技术进步和流程再造，服务标杆企业和龙头企业需要，拓展天津市职业教育产教融合实训教学基地功能作用，支持职业学校通过政府投入、政府债券、引入社会资本等多种形式建设专业技能公共实训基地，打造"通用技能＋专业技能"的公共实训基地集群。建设高水平示范性仿真实训基地，依托优势专业开发一批虚拟仿真实训资源，建立虚实融合的实训基地运行机制。建立天津市实训资源管理运行平台，实现公共实训资源与企业实训资源的共享共用。②

---

① 天津市教育委员会关于印发天津市职业教育事业发展"十四五"规划的通知 [Z]. 津教政〔2022〕4号，2022-03-22.

② 天津市教育委员会关于印发天津市职业教育事业发展"十四五"规划的通知 [Z]. 津教政〔2022〕4号，2022-03-22.

三、制定并出台深化职业教育产教融合重要文件

自 2016 年以来，天津市制定并出台 6 个深化职业教育产教融合，推动职业教育高质量发展的重要文件，分别如下。

2016 年 3 月，天津市人民政府印发《关于加快发展现代职业教育的意见》(津政发〔2016〕3 号)，提出完善社会力量兴办职业教育制度——通过专项拨款、购买服务等方式，积极支持各类办学主体通过独资、合资、合作等形式举办职业教育；探索发展股份制、混合所有制职业院校，允许以资本、知识、技术、管理等要素参与办学并享有相应权利；探索公办和社会力量举办的职业院校相互委托管理和购买服务的机制；切实保障社会力量举办的职业院校与公办职业院校具有同等的法律地位。

2018 年 7 月，天津市贯彻习近平总书记关于加快职业教育发展的重要指示精神，出台《关于做大做强做优天津市职业教育的八项举措》，提出要坚持和完善行业企业主办——鼓励企业积极参与职业教育建设，支持大企业举办高质量职业教育。大力推进产教深度融合、校企深度合作，加强专业与产业需求对接、课程与职业标准对接、教学与生产过程对接。

2018 年 9 月，天津市人民政府办公厅印发《关于深化产教融合的实施方案》(津政办发〔2018〕34 号)，提出推动教育和产业统筹融合发展、强化企业重要主体作用、深化产教融合人才培养改革、促进产教供需双向对接和完善政策保障措施等 7 方面共 29 条任务，并提出了实施产教融合发展工程、落实财税用地等政策、强化金融支持等 5 方面保障措施。

2018 年 9 月，天津市人民政府办公厅印发《关于鼓励社会力量参与职业教育办学激发职业院校办学活力的指导意见》(津政办发〔2018〕35 号)，提出鼓励社会力量参与举办职业教育的八种具体形式，并从财政、税收优惠、差别化用地等方面给予政策保障。

2021 年 1 月，教育部和天津市人民政府印发《教育部 天津市人民政府关于深化产教城融合 打造新时代职业教育创新发展标杆的意见》(津政发〔2021〕1 号)，提出对接经济结构优化，打造行业企业办学先行典范——通过坚持行业企业办学主体地位不动摇，推进社会力量多元深度参与办学和培育产教融合型企业等措施深化产教融合，同时，首次明确了鼓励通过政府和社会资本合作 (PPP) 模式开展职业教育。

2022 年 6 月，天津市发展和改革委员会印发《天津市产教融合型试点城市建设实施方案》，从"金融＋财税＋土地""人才培养＋人才引进＋突出贡献""知识产权＋成果转化"等 3 方面提出了 21 项组合支持政策。其中，"金融＋财税＋土地"政策组合激励方面，提出"试点企业兴办职业教育符合条件的教育投资，按规定投资额 30% 的比例抵免当年应缴教育费附加和地方教育附加"等 6 项具体支持政策；"人才培养＋人才引进＋突出贡献"组合激励方面，提出"对天津市用人单位新引进的签订 3 年以上工作合同的高技能人才，给予最高 50 万元奖励资助"，"对天津市获世界技能大赛等比赛名次的高技能人才，给予最高 50 万元奖励资助"，"每年评选 10 名'海河工匠'，颁发荣誉证书，给予每人 20 万元奖励资助"等 8 项具体支持政策；"知识产权＋成果转化"组合激励方面，提出"给予为完成、转化科技成果做出重要贡献的人员不低于科技转化收入 50% 的奖励，各单位可在此基础上提高奖励比例。科技成果转化所获奖励与报酬、承担科研项目所列支绩效奖励、以市场委托方式取得的横向项目所获收入或绩效支出，计入当年本单位绩效工资总量，但不受年人均收入调控线和年收入增幅限制，不纳入总量基数"等 7 项具体支持政策。

第五节　研究框架设计

天津市高等职业教育专业对接服务产业的研究工作是一项新的课

题，没有现成的框架可参考，研究组在天津市教育委员会职业教育处的领导下，经过多次专题研讨，坚持问题导向，聚焦产教融合，确定了从产业视角看职业教育，再从职业教育视角定产业服务效果的研究思路、研究内容和呈现方式。

一、研究框架

（一）研究框架的构建原则

研究框架的构建坚持以习近平新时代中国特色社会主义思想为指导，贯彻落实习近平总书记对职业教育的重要指示精神，贯彻落实党的二十大对职业教育的新要求，以提高职业教育服务经济社会高质量发展适应性为目标，坚持前瞻性原则、发展性原则、可操作性原则，全面、客观地呈现天津市高等职业教育专业对接服务产业发展的水平、做法与成效，进一步深化天津市职业教育产教融合创新发展。

第一，坚持前瞻性原则，围绕天津市产业发展设计研究框架。紧密契合天津市产业发展重大战略、政策的方向性、目标性要求，紧密契合天津市 12 条重点产业链和 12 项现代服务业重点产业最新发展要求，从产业发展视角梳理、细化天津市高等职业教育专业对接服务产业发展的现状，探寻天津市高等职业教育改革与发展的趋势、规律和存在的问题，为天津市高等职业教育高质量发展提供决策参考。

第二，坚持发展性原则，围绕天津市高等职业教育专业对接服务产业的做法及成效设计研究指标。研究框架力求客观反映天津市高等职业学校对接服务产业的发展水平、做法及成效，展现天津市高等职业教育服务天津市经济社会高质量发展的适应性，突出服务产业的需求和领域、对接产业的重点和关键，对天津市职业教育未来发展具有较强的引领作用。

第三，坚持可操作性原则，围绕天津市高等职业学校的实践探索设计研究内容与呈现方式。研究框架和指标注重整体实践与典型案例结合、常态性指标与实时性指标结合、代表性指标与可得性指标结合、定性与定量结合，充分考虑并研究指标背后的真实含义和数据采集难易程度，力求全面呈现，确保研究结果客观、准确地反映天津市高等职业教育专业对接服务产业发展的现实。

(二) 研究框架的设计思路

研究按照教育、科技、人才一体谋划和一体部署，推进产业链、创新链、教育链、人才链深度融合，结合高等职业教育质量年度报告指标和天津市高等职业教育创新探索实践经验，围绕天津市现代工业体系各重点产业链和现代服务业重点产业，构建天津市高等职业教育专业对接服务产业发展研究框架与指标，见表1-1，共包括 4 个一级指标、13 个二级指标和 29 个主要观测点。

表 1-1　天津市高等职业教育专业对接服务产业发展研究框架与指标

| 一级指标 | 二级指标 | | 主要观测点 |
	名称	时效性	
人才培养与培训	立德树人	常态性	平台、中心、示范课情况
	校企深度合作	常态性	牵头组建的集团、联盟、协会情况
			成立产业学院及培养学生情况
			建设协同创新中心情况
	人才培养对接程度	常态性	对接产业链和现代服务业重点产业的在校生情况
			学徒制和订单班在校学生情况
			学徒制和订单班企业兼职教师授课学时数
			岗位实习学生占比
	技术技能培训	常态性	承担企业培训人次和学时情况
			培训项目和服务企业的情况
			对接产业链和现代服务业重点产业的企业培训人次

一级指标	二级指标		主要观测点
	名称	时效性	
就业创业与技能赛事	就业创业	常态性	毕业生就业人数与去向落实人数
			毕业生面向产业就业与自主创业
			毕业生用人单位满意度
			创新创业赛事情况
	世界职业院校技能大赛	实时性	创设赛事特色
			赛事创新内容
	技能赛事	常态性	三级技能竞赛机制
			组织与技能赛事成果
国际化与鲁班工坊	世界职业技术教育发展大会	实时性	创设大会特色
			大会创新内容
	鲁班工坊	常态性	最新建设布局
	与当地国产业发展的对接	实时性	对接情况
技术服务与科研	技术服务平台	常态性	设立情况
	技术成果转化与服务	常态性	专利对接情况
			技术成果转化情况
			技术服务项目情况
	科研课题研究	常态性	纵向课题对接情况
			横向课题对接情况

人才培养对接程度、校企深度合作、技术技能培训、就业创业、技术服务平台、技术成果转化与服务、科研课题研究等 7 个与产业对接紧密的常态性二级指标，反映天津市高等职业学校面向重点产业链及现代服务业重点产业的服务贡献情况，呈现天津市高等职业学校在产业人才供给、技术创新、科学研究、企业培训等方面为天津市产业发展提供的服务和做出的贡献。

立德树人、技能赛事、鲁班工坊和与当地国产业发展的对接等 4 个与产业对接较紧密的常态性二级指标，反映天津市高等职业学校落实立德树人根本任务、产教融合特色创新情况，重点呈现天津市高等职业学校在国际合作、技能赛事方面对接服务天津市产业发展、企业走出去的情况。

世界职业技术教育发展大会、世界职业院校技能大赛 2 个实时性二级指标，反映天津市高等职业教育在完成重大任务或项目方面取得的成绩。

二、研究对象与方法

研究对象为招收高等职业学校学生的 1 所本科层次应用技术类型普通高校和 23 所高等职业学校，见表 1-2。

表 1-2　天津市高等职业教育对接服务产业发展研究对象

序号	学校名称	序号	学校名称
1	天津中德应用技术大学	13	天津城市职业学院
2	天津市职业大学	14	天津城市建设管理职业技术学院
3	天津医学高等专科学校	15	天津工业职业学院
4	天津轻工职业技术学院	16	天津滨海职业学院
5	天津电子信息职业技术学院	17	天津石油职业技术学院
6	天津现代职业技术学院	18	天津国土资源和房屋职业学院
7	天津交通职业学院	19	天津生物工程职业技术学院
8	天津渤海职业技术学院	20	天津艺术职业学院
9	天津海运职业学院	21	天津工艺美术职业学院
10	天津铁道职业技术学院	22	天津公安警官职业学院
11	天津机电职业技术学院	23	天津体育职业学院
12	天津商务职业学院	24	天津滨海汽车工程职业学院

研究采用调查法、文献研究法、定性分析法、定量分析法等，综合运用问卷、访谈、座谈、个案研究等方法，对天津市各高等职业学校进行全面、系统的了解与分析。共开展两轮问卷调研、两轮实地调研，

围绕框架指标及主要观测点，收集、梳理、清洗、分析相关数据，分析、综合、比较、归纳收集的资料，形成发展报告。研究、设计并研制《2022年天津市高等职业学校产教融合服务资源清单》问卷1套。

三、研究资料与文献

研究资料与文献通过教育行政部门和学校提供、政府公开、报刊发表、网络公开、自主采集、专题调研等方式及渠道获取。研究数据主要来源于《2022年天津市高等职业学校产教融合服务资源清单》问卷调研、《2023年天津市高等职业教育质量年度报告》。

第二章

专业结构与布局

天津市高等职业教育专业建设坚持特色发展、错位发展，坚持调整存量、做优增量，不断健全专业动态调整机制。通过有效对接需求、有序调整变动、有力协调发展，进而优化专业结构，全面对接产业发展。基于"制造业立市""制造业强市"和"服务业新产业、新业态、新模式"的现实需求，深化专业内涵建设，强化专业特色，加强专业协同，推动专业集群式发展，充分发挥专业群的集聚效应和服务功能。

◆ 2020—2022 年，共有 22 所高等职业学校新增 86 个专业布点。

◆ 专业设置涵盖《职业教育专业目录 (2021 年)》中水利大类外的 18 个专业大类，专业覆盖率 94.74%。

◆ 对接 12 条产业链的 137 个专业，对接比例为 53.57%。

◆ 对接 12 项现代服务业重点产业的 130 个专业，对接比例为 46.43%。

◆ 对接"1+3+4"现代工业产业体系，对接比例为 51.31%。

◆ 7 所国家级"双高"学校的 10 个专业群共涵盖 42 个专业。

天津市高等职业教育面向国家和区域重大战略需求，面对新一轮科技革命和产业变革对培养技术技能人才的需求，主动服务京津冀协同发展和天津"一基地三区"城市功能定位，紧密对接天津"1+3+4"现代工业产业体系和现代服务业重点产业发展，坚持产业、行业、企业、职业与专业"五业联动"，建立动态专业调整机制，持续优化专业结构与布局，以专业群对接产业布局，以产业推动专业群建设，促进专业建设与产业转型升级相适应，不断提升服务能力，彰显职业教育特色。

第一节 加强专业结构优化调整

天津市高等职业教育专业建设坚持特色发展、错位发展，坚持调整存量、做优增量，不断健全专业动态调整机制，在充分考虑区域产业发展需求的基础上，结合办学实际，积极开设社会急需的专业，及时退出需求不旺、同质化严重的专业。

一、2020—2022 年增设专业数量

2020—2022 年，共有 22 所高等职业学校新增 86 个专业布点[①]，按专业大类统计，共涉及 13 个专业大类的 63 个专业，见表 2-1。增设专业均为产业急需专业，如大数据技术与应用、人工智能技术服务、飞行器制造技术、无人机应用技术、无人机测绘技术、智能制造装备技术、智能建造技术、高铁综合维修技术、智能物流技术、跨境电子商务、港口物流管理、社区管理与服务、老年服务与管理等。

表 2-1　2020—2022 年天津市高等职业学校增设专业统计

专业大类	专业名称
食品药品与粮食	食品营养与健康
装备制造	电气自动化技术
	飞行器制造技术
	航空电子电气技术
	无人机应用技术
	工业互联网应用
	智能制造装备技术
	航空发动机制造技术
	电梯工程技术
	高速铁路动车组制造与维护

---

① 专业布点是指开设专业的学校数量。

专业大类	专业名称
装备制造	城市轨道交通车辆制造与维护
	机电一体化技术
	新能源汽车技术
	海洋工程装备技术
土木建筑	建筑工程技术
	智能建造技术
交通运输	高铁综合维修技术
	汽车检测与维修技术
	民航运输服务
	飞机机电设备维修
电子与信息	汽车智能技术
	数字媒体应用技术
	云计算技术与应用
	大数据技术与应用
	人工智能技术服务
	通信技术
	信息安全技术应用
	电子信息工程技术
	计算机应用技术
	物联网应用技术
	工业互联网技术
资源环境与安全	安全技术与管理
	无人机测绘技术
财经商贸	保险
	互联网金融
	跨境电子商务
	商务数据分析与应用
	证券实务
	智能物流技术

专业大类	专业名称
财经商贸	电子商务
	金融科技应用
	大数据与会计
	港口物流管理
医药卫生	口腔医学技术
	眼视光技术
	老年保健与管理（老年康复）
新闻传播	全媒体广告策划与营销
文化艺术	视觉传播设计与制作
	数字媒体艺术设计
	摄影与摄像技术
	美容美体艺术
	产品艺术设计
	动漫设计
	人物形象设计
教育与体育	运动训练
	艺术教育
	早期教育
	电子竞技运动与管理
	应用法语
公共管理与服务	社区管理与服务
	老年服务与管理
	公共事务管理
公安与司法	安全保卫管理

二、2020—2022 年撤销专业数量

2020—2022 年，共有 12 所高等职业学校撤销了 36 个专业布点，按

专业大类统计，共涉及 13 个专业大类的 33 个专业，见表 2-2。

表 2-2　2020—2022 年天津市高等职业学校撤销专业统计

专业大类	专业名称
土木建筑	城市燃气工程技术 (安全管理)
	建筑工程技术 (装配式施工)
	建筑智能化工程技术
	地下与隧道工程技术
	市政工程技术
	建筑设备工程技术
装备制造	汽车制造与试验技术
食品药品与粮食	智能医疗装备技术
交通运输	汽车技术服务与营销
电子与信息	数字媒体技术
	计算机网络技术 (3+2)
	计算机信息管理
	现代移动通信技术
	计算机应用技术 (建筑管理)
能源动力与材料	高分子材料工程技术
医药卫生	婴幼儿托育服务与管理
财经商贸	现代物流管理 (三二分段)
	国际金融
	工商企业管理
	市场营销
	信用管理
	连锁经营与管理
	国际商务
旅游	导游 (国际导游方向)
公共管理与服务	现代文秘
	婚庆服务与管理

专业大类	专业名称
文化艺术	人物形象设计
教育与体育	运动训练（轮滑）
	商务英语（三二分段）
	应用德语
	应用法语
公安与司法	公共安全管理
	国内安全保卫

统计显示，2020 年增设 32 个专业布点，撤销 5 个专业布点；2021 年增设 36 个专业布点、撤销 21 个专业布点；2022 年增设 18 个专业布点、撤销 10 个专业布点。

第二节　推进专业与产业全面对接①

天津市高等职业教育通过有效对接需求、有序调整变动、有力协调发展，进而优化专业结构，全面对接产业发展。天津市 1 所应用技术大学和 23 所高等职业学校②开设 18 个专业大类的 267 个专业，共 644 个专业布点，全部对接天津市 12 条产业链和 12 项现代服务业重点产业。

一、对接天津市重点产业链和现代服务业重点产业的专业大类开设的专业数量

天津市高等职业学校专业设置涵盖《职业教育专业目录(2021 年)》中水利大类外的 18 个专业大类，专业覆盖率 94.74%。在 18 个专业大类中，对接产业链的专业大类有 11 个，对接现代服务业重点产业的专业

---

① 本节内容的数据均为 2022 年数据。

② 天津市具备招收高职（专科）学生资格的职业学校共 24 所。

大类有 14 个。如表 2-3 所示，开设专业数量最多的是交通运输大类，有 39 个专业；开设专业数量最少的是农林牧渔大类，只有 1 个专业。

表 2-3　天津市高等职业学校各专业大类开设的专业数量

单位：个

专业大类名称	开设的专业数量	对接产业链、现代服务业重点产业情况
交通运输	39	对接产业链和现代服务业重点产业
装备制造	30	对接产业链
文化艺术	25	对接现代服务业重点产业
医药卫生	24	对接产业链和现代服务业重点产业
土木建筑	21	对接产业链和现代服务业重点产业
财经商贸	21	对接产业链和现代服务业重点产业
电子与信息	18	对接产业链和现代服务业重点产业
教育与体育	14	对接现代服务业重点产业
食品药品与粮食	13	对接产业链和现代服务业重点产业
资源环境与安全	12	对接产业链和现代服务业重点产业
公安与司法	9	对接现代服务业重点产业
生物与化工	8	对接产业链
旅游	7	对接现代服务业重点产业
新闻传播	7	对接现代服务业重点产业
公共管理与服务	7	对接现代服务业重点产业
能源动力与材料	6	对接产业链
轻工纺织	5	对接产业链
农林牧渔	1	对接现代服务业重点产业

二、对接天津市产业链和现代服务业重点产业的专业数量及其所占比例

1 所应用技术大学和 23 所高等职业学校中，21 所高等职业学校（除

天津工艺美术职业学院、天津体育职业学院、天津艺术职业学院）对接12条产业链的专业有137个，对接比例①为53.57%，专业布点345个，见图2-1。其中，天津石油职业技术学院、天津机电职业技术学院、天津铁道职业技术学院、天津电子信息职业技术学院、天津生物工程职业技术学院对接比例均超过80%。

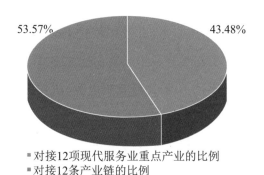

图2-1　21所高等职业学校对接产业链和现代服务业重点产业的比例差异

1所应用技术大学和23所高等职业学校中，23所高等职业学校（除天津石油职业技术学院）对接12项现代服务业重点产业的专业有130个，对接比例为46.43%，专业布点280个。其中，天津艺术职业学院、天津工艺美术职业学院、天津体育职业学院、天津公安警官职业学院、天津商务职业学院的对接比例均超过90%。

21所高等职业学校开设专业与12条产业链的对接比例高于23所高等职业学校开设专业与12项现代服务业重点产业的对接比例，相差7.14个百分点。

三、对接"1+3+4"现代工业产业体系的专业与专业布点数量

1所应用技术大学和23所高等职业学校开设的专业中，有137个专业对接"1+3+4"现代工业产业体系，对接比例为51.31%。对接开设智

① 职业学校对接产业链或现代服务业重点产业的专业数量，占该校开设专业总数的比例，称为对接比例。以下均相同。

能科技相关专业的院校数量最多（共 19 所），其次是对接开设装备制造相关专业的院校数量（共 17 所）和对接开设新能源、新材料相关专业的院校数量（共 10 所）。

1 所应用技术大学和 23 所高等职业学校与"1+3+4"现代工业产业体系对接的专业布点数共 343 个，其中，智能科技相关专业布点数占比 28.57%，生物医药相关专业布点数占比 9.04%，新能源相关专业布点数占比 4.66%，新材料相关专业布点数占比 5.54%，装备制造相关专业布点数占比 39.07%，汽车相关专业布点数占比 5.25%，石油化工相关专业布点数占比 5.54%，航空航天相关专业布点数占比 2.33%，见表 2-4。

表 2-4　对接"1+3+4"现代工业产业体系的专业和专业布点情况

序号	产业名称	开设专业		专业布点数量/个	专业开设院校数量/所
		名称	数量/个		
1	智能科技	大数据技术、电子信息工程技术、动漫制作技术、房地产智能检测与估价、工业互联网应用、计算机网络技术、计算机应用技术、汽车智能技术、人工智能技术应用、软件技术、摄影测量与遥感技术、数字媒体技术、物联网应用技术、现代通信技术、信息安全技术应用、移动应用开发、应用电子技术、云计算技术应用、智能互联网络技术	19	98	19
2	生物医药	化学制药技术、生物产品检验检疫、生物制药技术、食品生物技术、药品经营与管理、药品生产技术、药品生物技术、药品质量与安全、药物制剂技术、药学、医疗器械维护与管理、医学检验技术、医学生物技术、医用电子仪器技术、针灸推拿、制药设备应用技术、中药材生产与加工、中药学、中药制药	19	31	5
3	新能源	城市热能应用技术、地球物理勘探技术、电力系统自动化技术、分布式发电与智能微电网技术、风力发电工程技术、钢铁智能冶金技术、光伏工程技术、建筑智能化工程技术	8	16	10

序号	产业名称	开设专业		专业布点数量/个	专业开设院校数量/所
		名称	数量/个		
4	新材料	包装策划与设计、包装工程技术、服装设计与工艺、工程造价、环境监测技术、食品检验检测技术、食品质量与安全、食品智能加工技术、印刷媒体技术、印刷数字图文技术	10	19	10
5	装备制造	城市轨道交通车辆制造与维护、城市轨道交通工程技术、城市轨道交通供配电技术、城市轨道交通机电技术、城市轨道交通通信信号技术、船舶电子电气技术、船舶动力工程技术、船舶检验、船舶通信装备技术、道路与桥梁工程技术、电气自动化技术、电梯工程技术、动车组检修技术、飞机机电设备维修、飞机结构修理、港口机械与智能控制、高速铁路动车组制造与维护、高速铁路施工与维护、高速铁路综合维修技术、工程测量技术、工业产品质量检测技术、工业工程技术、工业机器人技术、供热通风与空调工程技术、古建筑工程技术、航海技术、化工装备技术、机电设备技术、机电一体化技术、机械设计与制造、机械制造及自动化、建筑电气工程技术、建筑工程技术、建筑设备工程技术、建筑消防技术、建筑装饰工程技术、理化测试与质检技术、轮机工程技术、模具设计与制造、汽车电子技术、市政工程技术、数控技术、铁道车辆技术、铁道工程技术、铁道供电技术、铁道机车运用与维护、铁道桥梁隧道工程技术、铁道通信与信息化技术、铁道信号自动控制、铁道养路机械应用技术、现代移动通	62	134	17

序号	产业名称	开设专业		专业布点数量/个	专业开设院校数量/所
		名称	数量/个		
5	装备制造	信技术、艇设计与制造、园林工程技术、增材制造技术、制冷与空调技术、智能工程机械运用技术、智能焊接技术、智能建造技术、智能交通技术、智能控制技术、智能物流技术、智能制造装备技术			
6	汽车	城市轨道车辆应用技术、汽车检测与维修技术、汽车制造与试验技术、新能源汽车技术、新能源汽车检测与维修技术	5	18	9
7	石油化工	城市燃气工程技术、分析检验技术、环境工程技术、环境管理与评价、精细化工技术、石油工程技术、石油化工技术、应用化工技术、油气储运技术、油气地质勘探技术	10	19	6
8	航空航天	飞机机载设备装配调试技术、飞行器数字化制造技术、航空发动机制造技术、无人机应用技术	4	8	5

第三节 做强做优高水平专业群

天津市高等职业教育基于"制造业立市""制造业强市"和"服务业新产业、新业态、新模式"的现实需求，深化专业内涵建设，强化专业特色，加强专业协同，推动专业集群式发展，充分发挥专业群的集聚效应和服务功能。

一、建设 10 个国家级"双高"专业群

2019 年 1 月 24 日，国务院印发《国家职业教育改革实施方案》（国发〔2019〕4 号），提出将启动中国特色高水平高等职业学校和

专业建设计划 (简称 "双高计划")，由教育部和财政部共同研究、制定并联合实施。"双高计划" 的主要内容是在全国建设 50 所左右高水平高职学校和 150 个左右高水平专业群，重点布局在现代农业、先进制造业、现代服务业、战略性新兴产业等技术技能人才紧缺领域。其中，高水平学校 A 档 10 所、B 档 20 所、C 档 20 所左右，高水平专业群 A 档 30 个、B 档 60 个、C 档 60 个左右。

天津市共有 7 所高等职业学校入选。其中，天津市职业大学被列入第一类高水平学校建设单位 A 档，天津市医学高等专科学校被列入第二类高水平学校建设单位 B 档，天津轻工职业技术学院被列入第三类高水平学校建设单位 C 档；天津电子信息职业技术学院、天津现代职业技术学院被列入第三类高水平专业群建设单位 A 档，天津交通职业学院被列入第三类高水平专业群建设单位 B 档，天津渤海职业技术学院入选第四类高水平专业群建设单位 C 档。7 所学校共建设 10 个专业群。

国家级 "双高" 专业群按照 "基础相通、技术领域相近、工作岗位相关、教学资源共享" 的组群原则，由相关或相近的 3 ～ 5 个专业组建而成。7 所学校的 10 个国家级 "双高" 专业群共涵盖 42 个专业。各专业群具备鲜明的产业特性，紧密对接智能科技产业链、信创产业链、高端装备产业链、新能源产业链、轻纺产业链、绿色石化产业链、健康服务业重点产业、现代物流服务业重点产业的上中下游和关键领域。专业群对接产业链或现代服务业重点产业情况见表 2-5。

表 2-5 专业群对接产业链或现代服务业重点产业情况

专业群名称	群内专业		对接产业链或现代服务业重点产业	对接内容	核心岗位群
	名称	数量			
眼视光技术	眼视光技术、视光仪器技术、产品艺术设计（眼镜设计）、眼视光技术（镜片生产工艺方向）、视觉训练与康复	5	健康服务业	验光配镜、双眼视功能检查、视光仪器维修维护、个性化眼镜设计、视觉训练、视力康复及镜片生产	眼视光领域验光配镜、视光仪器维护、个性化眼镜设计、视觉训练、镜片生产
包装工程技术	包装工程技术、包装策划与设计、印刷媒体技术、数字图文信息技术	4	轻纺产业链	产业链的设计、生产和检测前三个核心环节	包装设计、印前制作、包装印刷生产
护理	护理、康复治疗技术、针灸推拿、医学营养	4	健康服务业	健康管理与促进、长期照护、医疗服务、康复疗护、安宁疗护	临床护理、社区护理、康复护理、老年护理、专科护理
药学	药学、中药学、药品经营与管理、药品生产技术（药物制剂方向）	4	健康服务业	药品的生产、流通、使用全产业链	家庭药师、药物治疗管理药师、医药销售高端管理、生产工艺管理等新型高端药学服务

続表

专业群名称	群内专业		对接产业链或现代服务业重点产业	对接内容	核心岗位群
	名称	数量			
模具设计与制造	模具设计与制造、机械设计与制造、数控技术、智能制造装备技术、工业产品质量检测技术	5	高端装备产业链	模具的设计、制造、生产、质量监测	模具设计、成形（型）工艺、数控编程、产品检验和质量绘图、模具制造、模具生产管理、质量检验、数控设备操作、机械加工工艺编制与实施、智能装备运行管理、智能装备制造运营销和售后服务与技术支持、智能制造装备设计与加工、工艺和工装夹具设计、机械加工工艺和机械产品质量检测、机械加工工装夹具检验、仪器计量、测试、仪器维修、质量工程、内审、审核
光伏工程技术	光伏工程技术、风力发电工程技术、机电一体化技术	3	新能源产业链	新能源装备的设计、制造、安装、调试、应用和维护	光伏发电系统规划与设计、光伏发电系统建设与施工管理、光伏发电系统运行与维护、风电设备安装与调试、风电系统的运行运维、风电场生产管理、机电一体化设备维修、自动生产线运维、工业机器人应用、机电一体化设备生产管理、机电一体化设备销售和技术支持、机电一体化设备技改

续表

专业群名称	群内专业		对接产业链或现代服务业重点产业	对接内容	核心岗位群
	名称	数量			
软件技术	软件技术、计算机网络技术、移动应用开发、数字媒体应用技术	4	智能科技产业链、信创产业链	软件行业的软件产品、软件技术服务与系统集成	软件技术专业面向业务流中软件应用开发的 Web 前端开发、后台服务开发与数据库开发等工作岗位；计算机网络技术专业面向网络集成与应用网络服务流中的网络服务、计算机存储服务等工作岗位；移动应用开发专业面向业务流中移动应用开发的微信应用开发、iOS 应用开发与 Android 应用开发等工作岗位；数字媒体应用技术专业面向业务流中界面交互设计的 UI/UE 设计、网页设计与网站开发、数据标注与可视化等工作岗位
无人机应用技术	无人机应用技术、工业机器人技术、物联网应用技术、软件技术	4	高端装备产业链	对接无人机研发、制造、安装、调试、检测、应用等各生产制造环节，与无人机全产业链相对应	面向产业、聚焦华北、能够在微小型无人机研发、生产、制作、调试和应用领域，为城市、农村、军队提供航拍、航测和数据分析的高质量复合型技术岗位（尤其是危机事件应对）

专业群名称	群内专业		对接产业链或重点产业	对接产业现代服务业重点产业	对接内容	核心岗位群
	名称	数量				
现代物流管理	现代物流管理、电子商务、智能物流技术、邮政快递管理	4		现代物流服务业	包含提供现代商流和资金流、基于新兴技术的供应链体系、新型零售配送定位于供应链配送模式下的完备商贸物流产业链	仓储主管、运输主管、物流营销主管、生产车间主管;(工业)工程技术人员与信息工程技术人员通信工程技术人员、客户服务、运营管理、营销推广、广告创意、宣传、形象设计、客户服务、市场营销、信息处理、安全管理、设备维护、运营管理、快件收派、快件收派、安件处理、检查、设备维护、运营管理
环境工程技术	环境工程技术、安全技术与管理、精细化工技术、药品生产技术、机电一体化技术	5		绿色石化产业链	自然资源开发与保护环保产业、清洁生产型环保产业、污染控制型环保产业、污染治理型环保产业的环保型产业集群	工艺、技术、装备、控制、产品、服务全职业领域

天津市职业大学设有 10 个专业群、69 个专业，涉及 15 个专业大类和 33 个专业类。其中，面向高端装备、信创全产业链，打造智能制造、人工智能专业群；面向轻纺、车联网、汽车及新能源汽车、新材料、生物医药等相关领域，打造包装工程技术、汽车智能技术、绿色化工专业群；面向健康服务、商贸服务、现代物流、商务服务、文化旅游、科技服务、设计服务等相关岗位，打造眼视光技术、健康养老、商贸流通、餐饮服务、创意设计专业群。群内专业更加贴近产业发展需求，形成由国家级高水平专业群、市级高水平专业群、校级专业群组成的"2-2-6"三层级专业群布局，十大专业群实力和水平显著提升，专业群整体服务产业发展能力得到全面释放，见图 2-2。

天津轻工职业技术学院围绕服务国家发展战略和天津市"1+3+4"现代工业产业体系发展需求，打造具有现代职业教育特色的 7 个优质专业群；对接先进制造业的设计研发、智能制造、质量检测、数字化设计、技术服务的全产业链，服务华北、聚焦京津冀装备制造、汽车、航空航天、轻工等国家支柱产业，深化"模具设计与制造"国家级高水平专业群建设；面向国家新能源产业，立足华北地区，聚焦京津冀，服务天津新能源、新材料优势产业，深化"光伏工程技术"国家级高水平专业群建设；根据新一代信息技术领域和大数据产业的人才需求，面向网络系统设计与管理、软件系统开发与维护、人工智能技术应用开发、系统管理与维护等岗位着力打造"大数据技术"市级高水平专业群；聚焦现代服务业的高端商业和电子商务、轻工业设计、数字媒体创意和数字化服务、先进制造和智能控制等产业，建设"智慧商贸""造型艺术创意设计""智能控制""数字传播"4 个校级特色专业群，专业布局与区域产业发展匹配，专业群与区域产业链精准对接。

天津交通职业学院布局并建设了物流管理、汽车技术、智能交通装备、交通建造、交通服务、交通数字经济等六大专业群。对接

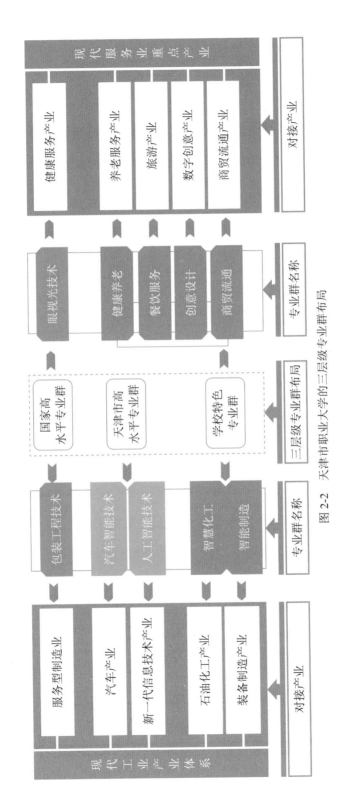

图 2-2 天津市职业大学的三层级专业群布局

12 条重点产业链中的高端装备、车联网、汽车及新能源汽车三条产业链，布局并建设了智能交通装备专业群和汽车技术专业群；对接现代服务业中的现代物流、商务服务、信创服务、商贸服务、现代金融、文化旅游和设计服务七条产业链，布局并建设了物流管理、交通数字经济、交通服务和交通建造专业群，见图 2-3。

天津电子信息职业技术学院坚持电子信息办学特色，目前拥有国家"双高计划"高水平专业群专业 4 个，国家示范校建设重点专业 4 个，教育部提升专业服务产业能力专业 2 个，教育部首批现代学徒制专业 3 个，国家级优质校骨干专业 5 个。学校专业分布覆盖人工智能技术与应用、云计算与大数据运用、5G 通信与物联网技术、智能制造、数字创意设计、现代智能管理服务等多个重点产业领域。学校以软件技术高水平专业群建设为龙头牵引，辐射并带动校内电子信息大类专业，构建了涵盖基础硬件、软件系统、"信创＋"服务三大核心链条，信息安全一大保障及北斗军民融合一大特色的"津电模式"信创专业布局。

天津现代职业技术学院瞄准智能科技、生物医药、新能源、新材料、航空航天、装备制造等六大产业，重点培育电子竞技运动与管理、智慧健康养老服务与管理等特色专业，着力打造无人机应用技术、药品生产技术等品牌专业，压缩供过于求的专业的招生计划，调整并改造办学层次、办学质量与社会需求不匹配的专业，建立了面向市场、优胜劣汰的专业动态调整机制。

二、建设 20 个市级"双高"专业群

2021 年，天津市教育委员会等 15 部门联合启动"天津市职业教育创优赋能建设项目"，重点支持职业学校主动融入"一基地三区"建设，优化专业结构和资源配置，引导高等职业学校形成重点突出、特色鲜明、结构合理的专业群布局。2022 年，持续支持建设高等职业学校国家

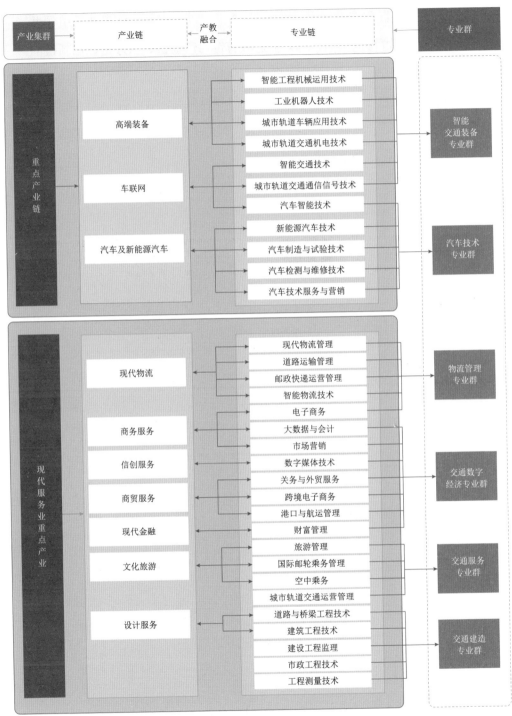

产业集群	产业链	产教融合	专业链	专业群

重点产业链

高端装备	智能工程机械运用技术 工业机器人技术 城市轨道车辆应用技术 城市轨道交通机电技术	智能交通装备专业群
车联网	智能交通技术 城市轨道交通通信信号技术 汽车智能技术	
汽车及新能源汽车	新能源汽车技术 汽车制造与试验技术 汽车检测与维修技术 汽车技术服务与营销	汽车技术专业群

现代服务业重点产业

现代物流	现代物流管理 道路运输管理 邮政快递运营管理 智能物流技术	物流管理专业群
商务服务	电子商务 大数据与会计 市场营销 数字媒体技术	
信创服务	关务与外贸服务 跨境电子商务 港口与航运管理	交通数字经济专业群
商贸服务		
现代金融	财富管理	
文化旅游	旅游管理 国际邮轮乘务管理 空中乘务 城市轨道交通运营管理	交通服务专业群
设计服务	道路与桥梁工程技术 建筑工程技术 建设工程监理 市政工程技术 工程测量技术	交通建造专业群

图 2-3　天津交通职业学院产教融合专业布局

级高水平专业群和市级高水平专业群 30 个，以高水平专业群建设引领并带动其他专业群协同发展，有效促进教育链与产业链、人才链、创新链的有机衔接，有力推动了高等职业教育高质量发展。这些专业群紧密对接智能科技、生物医药、新能源、新材料等战略性新兴产业和航空航天、装备制造、石油化工、汽车工业等传统优势产业，以及养老、托育、家政、健康等现代服务业，对接产业高端需求，优化专业布局。天津市职业教育创优赋能高水平高等职业学校及其高水平专业群立项建设名单见表 2-6。

表 2-6 天津市职业教育创优赋能高水平高等职业学校及其高水平专业群立项建设名单

序号	学校名称	专业群名称	专业群类型
1	天津市职业大学	眼视光技术	国家级"双高"专业群
		包装工程技术	
		汽车智能技术	市级"双高"专业群
		人工智能技术	
2	天津医学高等专科学校	护理	国家级"双高"专业群
		药学	
		医学美容技术	市级"双高"专业群
3	天津轻工职业技术学院	模具设计与制造	国家级"双高"专业群
		光伏工程技术	
		大数据技术	市级"双高"专业群
4	天津电子信息职业技术学院	软件技术	国家级"双高"专业群
		物联网应用技术	市级"双高"专业群
5	天津现代职业技术学院	无人机应用技术	国家级"双高"专业群
		药品生产技术	市级"双高"专业群
6	天津交通职业学院	现代物流管理	国家级"双高"专业群
		汽车技术	市级"双高"专业群
7	天津渤海职业技术学院	环境工程技术	国家级"双高"专业群
		食品质量与安全	市级"双高"专业群
8	天津机电职业技术学院	工业机器人技术	市级"双高"专业群
		飞行器数字化制造技术	
9	天津商务职业学院	国际贸易	市级"双高"专业群
		会展旅游	

序号	学校名称	专业群名称	专业群类型
10	天津城市职业学院	社区管理与服务（现代生活服务）	市级"双高"专业群
		大数据技术	
11	天津海运职业学院	航海技术	市级"双高"专业群
		邮轮旅游	
12	天津城市建设管理职业技术学院	智慧能源	市级"双高"专业群
		城市智能管理	
13	天津铁道职业技术学院	铁道信号自动控制	市级"双高"专业群
		城市轨道车辆应用技术	

  天津城市职业学院对接文化创意、商务商贸、现代金融产业发展，优化现代物流管理专业群、财经商贸专业群、会展策划与管理专业群、动漫制作技术专业群结构，见图2-4；对接信创产业发展，与华为等行业领军企业共同打造大数据技术市级高水平专业群，见

图 2-4　天津城市职业学院专业对接天津市现代服务业重点产业

图 2-5；对接养老、托育、家政、健康等产业发展，与天津鹤童养老公益集团、华夏未来教育集团等行业领军企业共同打造社区管理与服务 (现代生活服务) 市级高水平专业群，见图 2-6。

天津工业职业学院建成以钢铁智能冶金技术专业群为特色，以智能制造和工业互联网专业群为重点，以工业品物流和新一代信息技术专业群为支撑的专业集群。钢铁智能冶金技术专业群的 4 个专业主要服务于现代钢铁和金属新材料生产与制造的全产业链；智能制造专业群的 4 个专业主要服务于高端装备制造产业的上游和中游产业链，专业群以机械制造及自动化专业为 "基"，以机电一体化技术专业为 "体"，以数控技术、工业机器人技术专业为 "两翼"，覆盖产品规划设计、仿真分析、智能制造、质量控制、装配维修、生产管理等装备制造生产全生命周期各个环节，各专业对应的技术领域相近、职业岗位相关、职业能力相通，群内各专业相互依托、紧密相联，教学资源共享；工业互联网专业群包括工业互联网应用、智能互联网络技术等 6 个专业，主要对接和贯穿信息技术应用创新产业与高端装备产业；新一代信息技术专业群包括智能控制技术、电子信息工程技术、信息安全技术应用等 5 个专业，主要对接信创、高端装备、车联网、新能源汽车、科技服务等产业。

天津石油职业技术学院的市级石油工程高水平专业群由石油工程技术 (钻井、开采)、油气储运技术、城市燃气工程技术等专业组成，契合石油工业全产业链，群内各专业对应的业务领域两两互有交叉，分工明确，职业岗位 (群) 呈链状分布，与石油产业链的生产工艺一一对应。石油工业产业链与岗位群、专业群的对应关系见图 2-7。专业群契合石油工业全产业链，专业设置与产业需求对接、课程内容与职业标准对接、教学过程与生产过程对接。数字化、智能化、智慧化大背景下，石油工业产业链的优化、升级，指导专业群内涵提升。专业群内涵提升有助于解决石油企业复合型技术技能人才紧缺难题，促进产业链发展。

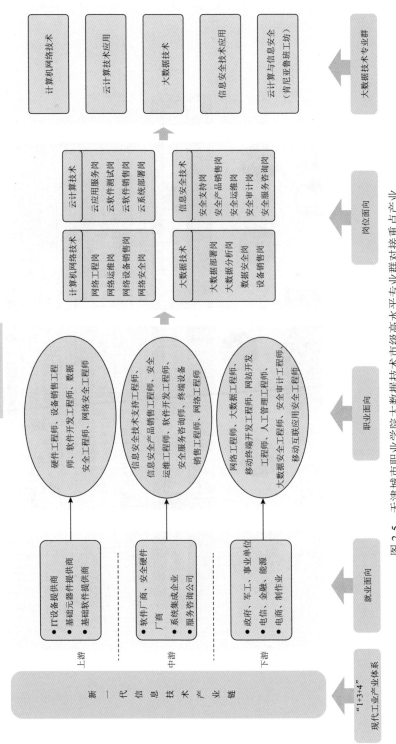

图 2-5　天津城市职业学院大数据技术市级高水平专业群对接重点产业

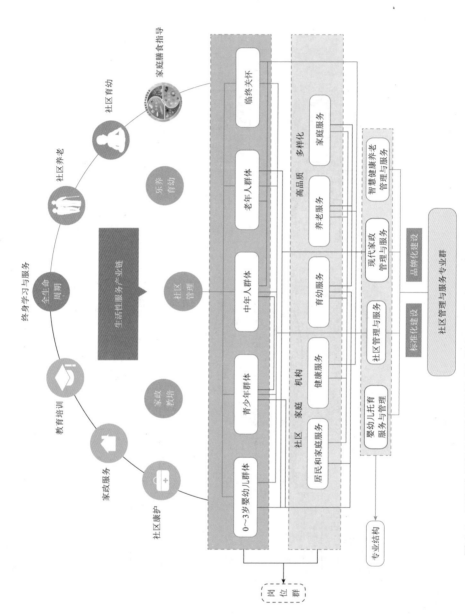

图 2-6 天津城市职业学院社区管理与服务（现代生活服务）市级高水平专业群对接重点产业

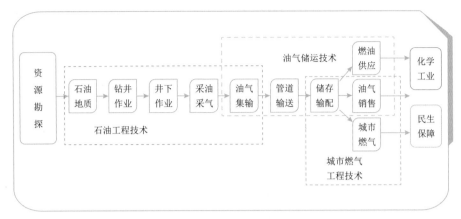

图 2-7　石油工业产业链与岗位群、专业群的对应关系

第三章

人才培养与培训

天津市高等职业教育全面贯彻党的教育方针，落实立德树人根本任务，坚持产教融合、校企合作、工学结合、知行合一。推动行业龙头企业深度参与高等职业学校专业规划、课程设置、教材开发、教学设计、教学实施等，有效提升人才培养与产业需求的契合度，为天津全面建设社会主义现代化大都市提供有力的人才和技能支撑。精准对接产业链和现代服务业重点产业发展需求，大力推行现代学徒制、订单培养等校企双元育人模式，与企业携手深化人才培养，校企在设备、技术、人才、管理、文化等多方面融合，形成校企命运共同体。联合行业企业面向产业链和现代服务业重点产业，大力开展技术技能培训，保障培训的针对性和实用性。

◆ 建成了新时代思政教育"红馆"，获评国家级课程思政教学研究示范中心，持续建设 10 个市级课程思政教学研究示范中心和 56 门示范课程。[①]

◆ 组建了 69 个集团、联盟、协会，成立了 65 个产业学院，建设了 41 个协同创新中心。

◆ 1 所应用技术大学和 23 所高等职业学校对接天津市产业链和现代服务业重点产业的在校生 195 808 人，招生 128 825 人。

◆ 对接产业链的企业培训项目 222 项，占承担企业培训项目总数的 83.15%。

◆ 对接现代服务业重点产业的企业培训项目达 211 项，占承担企业培训项目总数的 79.03%。

天津市高等职业教育全面贯彻党的教育方针，落实立德树人根本任

---

① 本章所引用数据均为 2022 年数据。

务，坚持产教融合、校企合作、工学结合、知行合一，通过职教集团、产业学院、协同创新中心等平台，深化学校与企业在技能人才培养、企业在职人员培训中的深度合作，形成与天津市现代产业体系相适应的技术技能人才培养体系。

第一节 落实立德树人根本任务

天津市高等职业教育始终牢记"为党育人、为国育才"使命，落实《深化新时代天津学校思想政治教育一体化建设的若干举措》《关于深化新时代学校思想政治理论课改革创新的若干举措》，坚持"德技并修"，不断提高人才培养质量，创新工匠精神培育方法，将工匠精神融入课堂教学、实习实训、校园文化、技能大赛中，让工匠精神培育与学生成长成才有效贯通。建成 5 000m² 的新时代思政教育"红馆"，获评国家级课程思政教学研究示范中心，持续建设 10 个市级课程思政教学研究示范中心和 56 门示范课程。

天津现代职业技术学院作为天津市中高职思政课一体化中心的牵头单位，每年组织 4 场线上线下跨学段、跨学科，覆盖天津市中高职思政课教师的集体备课活动；设立课题研究专项资金，每年立项重点课题 2 个，一般课题 5 个；组织思政课教师到遵义等地学访研修，实施思政课教师基层挂职计划；连续 8 年举办思政课情景剧比赛，寓教于剧，深化学生对思想政治理论课的认识与理解；建立 6 个市级中职思政课名师工作室，将 87 个高校实践基地等资源面向中职学校免费开放，实现了中高职思政课教学循序渐进、螺旋上升、有机衔接，取得了良好的育人效果。

天津城市职业学院构筑一体化思想政治育人体系，聘请全国优秀教师林茂、全国思政名师张泽玲等为思政课客座教授，走进课堂，讲职业成长，讲工作方法。开展"大学生年度人物""大学生自强之星""资助宣传大使""践行社会主义核心价值观先进个人""青年五四奖章""最美城职生"等评选，弘扬奋进精神。以"多元链接"为模式，依托学校社区型办学特色，将师生实践融入人才培养全过程，2022 年引导 2 000 余名师生走进城市社区、农村乡镇、企事业单位，建设社会实践基地。

天津轻工职业技术学院组织"勇立潮头跟党走 踔厉奋发向未来"新时代先进人物进校园系列活动，邀请行业专家、海河工匠、全国劳动模范、三八红旗手等优秀人物为学生讲述工匠精神、工匠故事，为学生树立正确的职业榜样；组织"学习党的二十大精神，踔厉奋发勇毅前行"院士科学家（大国工匠）讲思政课巡讲系列活动，聘请院士科学家（大国工匠）资源库成员，为学院师生深刻解读党的二十大精神，紧跟时代潮流，提升思政课质效，用党的科学理论武装青年，用党的初心和使命感召青年；以主题班会课等形式组织观看"海河大讲堂——劳模工匠进校园"宣讲活动，引导学生走技能报国之路，结合学生家长座谈会、知名企业交流等线上沟通方式开展专业认同教育、职业规划教育等。依托"团学党支部"平台打造学生工匠精神培养活动阵地，开展"打造'团学党支部+'特色品牌 搭建'工匠精神'实践育人平台"精品项目研究，形成思政育人、党员发展、专业学习三方联动的新格局，锤炼学生忠诚品质、锻造过硬本领。高校团学党支部以"三全育人"视角，即通过朋辈引领并发挥党员全员育人作用，聚焦主业，全方位覆盖学生发展，进行工匠精神育人实践分析，将工匠精神融入学生党支部建设，践行社会主义核心价值观，丰富基层党建模式，服务青年学生成长。

天津机电职业技术学院作为"天津海河教育园区劳动教育联盟"理事长单位，积极开展劳动教育联盟的相关工作，积极建设劳动基地，先后开设汽车、工业机器人及物联网、3D 打印逆向工程、EPIP 工程实践创新、智能制造、物流管理、农业劳动实践和机械文化发展等 8 个实践方向，接受大中小学在此开设主题劳动教育课程。学生可以亲身参与劳动实践教育活动，同时将中国传统文化融入课程设置，提升学生爱国情怀，增强文化自信。

2022 年 8 月 19 日，津云以《天津职教故事：这小伙用学到的技术将月面"搬"回地面，他咋做到的？》为题对天津电子信息职业技术学院毕业生乔新栋的事迹进行报道。2015 年，乔新栋从天津电子信息职业技术学院毕业，凭借扎实的技术能力被一家 3D 打印公司录用，工作两年后选择辞职创业，创办"壹壹科技"，从事 3D 打印、三维扫描、虚拟仿真方面的工作。2020 年，他的团队获得了与中国航天科技集团第五研究院合作的机会，在地面上进行月壤复原。为了做好把月球表面"搬到"地球表面这件事，乔新栋团队与中国航天科技集团第五研究院合作，自主研发设备，反复进行实验，调整设备参数，克服重重难关，终于实现各模块快速对接，耗时不到 20 分钟就直接模拟出 20 立方厘米月球表面岩石造型，比用岩石雕刻复原效率提升 15 倍，为技术人员对"嫦娥五号"在月面完成采样点选择与采样策略的制定提供参考依据，为国家节省巨额资金，也避免了航天器所面临的更多未知风险，使得地月同步操作成为可能。乔新栋表示，能为伟大的中国航天事业贡献微弱力量非常骄傲，将继续以工匠精神磨砺技能，精益求精，助力大国重器。

第二节　着力创新校企深度合作

天津市高等职业学校着力创新校企合作模式，支持高等职业学校与企业通过平台建设开展深度合作，创新产业学院等办学机制，鼓励校企共建协同创新中心等，推动行业龙头企业深度参与高等职业学校的专业规划、课程设置、教材开发、教学设计、教学实施等，有效提升人才培养与产业需求的契合度，为天津全面建设社会主义现代化大都市提供有力的人才和技能支撑。

一、牵头组建集团、联盟、协会

15所高等职业学校牵头组建了69个集团、联盟、协会，其中，天津市职业大学、天津城市职业学院、天津轻工职业技术学院和天津现代职业技术学院牵头组建的集团、联盟、协会的数量排前三位。

天津市高等职业学校牵头组建的集团、联盟、协会中，教育部认定的国家级示范性职业教育集团(联盟)有6个，占总数的8.70%。2020年10月，天津渤海职业技术学院的天津渤海化工职业教育集团、天津城市职业学院的天津城市职业学院职教集团、天津商务职业学院的天津商务职业教育集团、天津医学高等专科学校的天津卫生职业教育集团、天津交通职业学院的天津交通职业教育集团、天津轻工职业技术学院的京津冀模具现代职业教育集团获批全国第一批示范性职业教育集团(联盟)培育单位。

天津市高等职业学校牵头组建的集团、联盟、协会中，全国性集团、联盟、协会有15个，占总数的21.74%，包括天津中德应用技术大学的中国电工技术学会数字化工厂装备与智能制造技术专业委员会，天津市职业大学的汽车专业职教集团、先进制造业职教集团、印刷包装职教集团、全国信创产业职业教育集团、生物制造产业(人才)联盟、高端装备和智能制造人才创新创业联盟、智能制造产教融合联盟、智能机器人(国际)产教联盟、双高建设院校学报联盟，天津医学高等专科学校的卫生职业教育高质量发展联盟(包括卫生职业院校思政教育联盟、卫生职业院校课程建设高质量发展联盟、职业院校卫生健康协作体)，天津轻工职业技术学院的全国新能源与环保技术专业领域创新团队共同体，天津海运职业学院的海韵国际邮轮人才培养职业教育集团、中国高等院校邮轮人才培养联盟，天津铁道职业技术学院的鲁班工坊产教融合发展联盟。

天津市高等职业学校牵头组建的集团、联盟、协会中，京津冀集团、联盟、协会有14个，占总数的20.29%，包括天津市职业大学的京津冀数字创意职教集团、京津冀眼视光技术专业职业教育集团、京津冀职业教育教学协同发展联盟、京津冀航空服务业产教联盟、京津冀现代商务产教联盟、京津冀"双高"建设联盟、津雄职业教育发展联盟，天津轻工职业技术学院的京津冀模具现代职业教育集团、京津冀新能源现代职业教育集团、京津冀沪宁晋川交通职业教育集团联盟，天津机电职业技术学院的京津冀先进制造业职教集团、京津冀养老专业人才培养产教协作会，天津铁道职业技术学院的京津冀轨道交通职业教育集团、京津冀智慧教育创新产教联盟。

天津市高等职业学校牵头组建的集团、联盟、协会中，天津市市域集团、联盟、协会有32个，占总数的44.93%，天津市职业大学的天津现代服务贸易职教集团、天津旅游酒店职教集团、天津市养老服务职教集团、天津信息技术应用创新产业（人才）联盟、天津海洋装备产业（人才）联盟、天津精细化工和新材料产业（人才）联盟、天津市生物医药人才创新创业联盟、天津乡村振兴产业（人才）联盟、天津新能源产业（人才）联盟、天津展教融合人才创新联盟、天津市动力与电气人才创新创业联盟、天津海河教育园区无人机产教融合联盟、天津海河教育园区智能网联汽车产教融合联盟、天津市增材制造创新联盟，天津医学高等专科学校的天津卫生职业教育集团、天津海河教育园区大学生创新创业联盟委员会，天津现代职业技术学院的天津市职业教育信创产教联盟、天津市电子信息行业职业教育教学指导委员会，天津交通职业学院的天津交通职业教育集团、天津市交通行业职业教育教学指导委员会、天津市滨海新区新能源汽车人才产业联盟，天津渤海职业技术学院的天津渤海化工职业教育集团、天津市石油与化工行业教学指导委员会主任单位，天津机电职业技术学院的天津百利机电职业教育集团，天津商务职业学院的天津商务职业教育集团，天津城市职业学院的天津城市职业学院职教集团、天津市养老服务行业职业教育教学指导委会会、天津市幼儿教育类专业教学指导委员会、天津海河教育园区工业检测产教联盟，天津工业职业学院的天津市冶金职业教育集团，天津滨海职业学院的天津市滨海职业教育集团，天津生物工程职业技术学院的天津市医药职教集团。

天津市职业大学汇聚215家政府、行业协会、企业，以及68所院校资源，牵头组建9个紧密型职教集团，以职业技能等级证书的标准开发、技能培训、证书应用为导向，政府、行业企业、学校、培训评价组织"四方联动"；以培训评价组织为主导，联动集团内企业，开展考核颁证；以学校为主导，将职业技能等级标准融入课程体系，开展职业技能培训；以企业为主导，将岗位要求与职业技能标准对接，推动将X证书与员工招聘、薪酬、职务晋升挂钩。

天津交通职业学院牵头组建了以服务天津滨海新区及"京津冀一体化"综合交通体系发展为目标，以人才培养为重点，以优势互补、资源共享、合作双赢为目的，以合作项目为依托，以构建现代交通职业教育体系为主要内容的天津交通职业教育集团，打造国家级示范性职教集团。目前，该集团涵盖了天津市及云南、西藏等对口支援地区的职业院校、校企合作企业、交通类行业协会、科研机构共计52个合作单位，逐步形成校企主导、政府推动、行业指导、学校企业双主体实施的良性互动机制。

天津渤海职业技术学院的天津渤海化工职业教育集团经过多年的实践探索，已经形成了规范化、科学化、现代化的管理体制，以及教育与产业、校内与校外相结合的质量评价机制，积极推进产教融合的发展和服务社会能力的提升。集团信息化资源平台已经成为集团内的"信息中心""沟通纽带"和"技术交流与业务合作平台"。2020年10月，天津渤海化工职业教育集团获批全国第一批示范性职业教育集团（联盟）培育单位。

二、成立产业学院

16所高等职业学校成立了65个产业学院。其中，天津市职业大学、天津医学高等专科学校、天津现代职业技术学院牵头组建产业学院的数量排前三位。

65个产业学院共培养学生19 226名，占16所学校在校生总人数的11.63%。其中，天津电子信息职业技术学院、天津轻工职业技术学院、天津交通职业学院培养学生的数量排前三位。

65个产业学院覆盖16个专业大类（含1个职教本科专业大类）、41个专业类（含1个职教本科专业类）、79个专业（含1个职教本科专业）。从79个专业分布数量看，排前两位的专业是计算机网络技术、软件技术，信息安全技术应用、眼视光技术、大数据与会计、酒店管理与数字化运营排并列第三位。从41个专业类分布看，65个产业学院覆盖的专业类以计算机类、旅游类、机械设计制造类、自动化类、眼视光类为主，这5个专业类频次之和占41个专业类总频次的41.32%，对接了天津市"1+3+4"现代工业产业体系、国际旅游消费城市建设等重点内容，其他58.68%的专业类频次均低于5，形成了错位设置与发展，见图3-1。

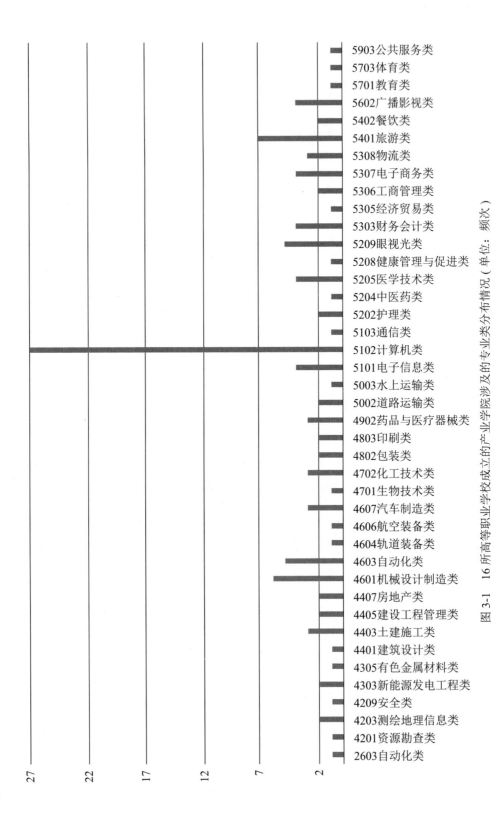

图 3-1　16 所高等职业学校成立的产业学院涉及的专业类分布情况（单位：频次）

65 个产业学院中，对接产业链的产业学院有 38 个，占产业学院总数的 58.46%，主要对接信创、高端装备、新能源、航空航天、新材料、汽车及新能源汽车、生物医药、中医药、绿色石化产业链；对接现代服务业重点产业的产业学院有 44 个，占产业学院总数的 67.69%，主要对接现代金融、现代物流、商贸服务、科技服务、设计服务、信创服务、商务服务、科技服务、设计服务、健康服务、文化旅游、教育服务、家庭服务等服务业重点产业。

65 个产业学院中，服务国家重大战略项目的产业学院有 19 个，占产业学院总数的 27.54%；服务企业突破"卡脖子"关键核心技术攻关的产业学院有 12 个，占比 17.39%；参与"揭榜挂帅"的产业学院有 1 个，占比 1.45%。

65 个产业学院中，从企业类型来看，与大型企业合作的产业学院有 33 个，占产业学院总数的 47.53%；与头部企业合作的产业学院有 27 个，占比 39.13%；与链主企业合作的产业学院有 4 个，占比 5.78%。从企业地域来看，合作企业为天津企业的产业学院有 42 个，占比 60.87%。

天津市职业大学服务天津市北辰区区域经济，培养企业所需技术技能人才，科技成果服务企业转型升级。其中，"烟秆废弃物综合利用的关键技术及其在工业水处理中的应用"科技成果获得 2022 年天津市科学技术进步三等奖，产生 1.5 亿元的经济效益。

天津电子信息职业技术学院与信创产业领军企业对接，服务天津市职业教育信创领域校企协同育人平台建设，先后与华为、海尔、京东、长城、麒麟等一大批产业领军企业全面深化产教融合、校企合作；对接国家自主创新源头和自主创新能力策源地建设需要，面向高端产业与产业高端发展，打造了津电 - 鲲鹏、京东商贸流通、海尔智能制造、信创等 4 个现代产业学院。

天津医学高等专科学校针对卫生健康产业发展人才供需对接存

在的结构性矛盾，技术技能积累与成果转化服务健康中国、健康天津建设能力有待加强的问题，以天津卫生职业教育集团全国示范性职业教育集团建设为契机，深化体制机制改革，将卫生健康产业发展与专业发展同步规划，以产业学院作为实体化运行基础单位纳入集团管理，各产业学院合作方（企业、学校）共同组建集团理事会，与监事会（行业）和集团指导委员会（政府）共同构建"政府统筹、行业指导、校企合作"的集团化治理体系。

天津轻工职业技术学院与中国模具行业协会、世界领先企业瑞士 GF 加工方案集团、国内顶尖世界一流的汽车模具企业天津汽车模具股份有限公司、国内规模最大的精密注塑模具生产企业深圳银宝山新科技共同组建了模具产业学院；与山东浪潮铸远教育科技有限公司成立了浪潮产业学院；与中天未来（天津）科技有限公司合作成立了新能源产业学院；与新华三技术有限公司合作成立了新华三芯云产业学院；与上海纽泰仑教育科技有限公司合作成立了海河喜马拉雅视听产业学院。产业学院在专业建设、人才培养、校企合作、科研开发、社会服务、师资任用、设施使用、项目建设、考核评价等方面进行专门规划，校企双方发挥各自优势，保障人才培养的质量。

三、建设协同创新中心

15 所高等职业学校建设了 41 个协同创新中心。其中，建设数量排前三位的学校依次为天津市职业大学、天津医学高等专科学校、天津现代职业技术学院。

41 个协同创新中心覆盖 15 个专业大类（含 2 个职教本科专业大类）、35 个专业类（含 3 个职教本科专业类）、62 个专业（含 3 个职教本科专业）。从专业分布看，数量排前三位的专业是数控技术、机械制造及自动化、软件技术。从 35 个专业类分布看，41 个协同创新中心覆盖的专业类以计算机类、机械设计制造类、自动化类、医学技术类为主，这4个专业类频次之和占35个专业类总频次的45%，对接服务天津市"1+3+4"现代工业产业体系建设，其他55%专业类频次均低于5，形成错位设置与发展，见图3-2。

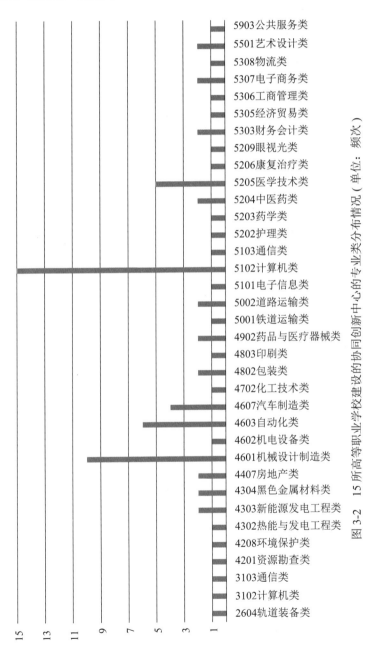

图 3-2　15 所高等职业学校建设的协同创新中心的专业类分布情况（单位：频次）

在 15 所高等职业学校建设的协同创新中心中，11 个协同创新中心开展了项目，数量为 107 个。其中，项目数量排前三位的学校依次为天津市职业大学、天津电子信息职业技术学院、天津交通职业学院。

对接产业链和现代服务业重点产业的协同创新中心有 35 个，占协同创新中心总数的 85.37%。其中，对接产业链的协同创新中心有 32 个，占协同创新中心总数的 78.05%，主要对接信创、高端装备、车联网、新能源、航空航天、新材料、汽车及新能源汽车、生物医药、绿色石化、轻纺产业链；对接现代服务业重点产业的协同创新中心有 26 个，占比 63.41%，主要对接商贸服务、科技服务、设计服务、信创服务、商务服务、健康服务、教育服务、家庭服务等服务业重点产业。

在协同创新中心项目中，服务国家重大战略的项目有 11 个，占协同创新中心项目总数的 10.28%；服务企业突破"卡脖子"关键核心技术攻关的项目有 13 个，占比 12.15%；参与"揭榜挂帅"的项目有 1 个，占比 0.93%。

协同创新中心产生的经济效益为 1.4 亿元。其中，产生经济效益排前三位的学校依次为天津市职业大学、天津电子信息职业技术学院、天津交通职业学院。

天津医学高等专科学校生物医药技术技能创新中心对接生物医药产业链和健康服务业重点产业，聚合医学检验技术、中药学、医学生物技术、药品经营与管理、药学、药物制剂技术等多个专业，在维生素 D 和神经酰胺临床质谱试剂的研制、苯二氮卓类精神药物标准物质的研制、粪便中短链脂肪酸的含量测定、临床体外诊断用纳米粒子的制备工艺研究、基于人皮肤组织黑色素形成机制 AR 展示及虚拟实训教学反馈研究、老年人智能移位系统技术研究、微生物多样性分析等方面开展研究，不断提升高等职业学校技术转化服务企业生产的能力和水平。

天津城市职业学院于2018年成立京津冀康养产业技术协同创新中心，与北京科学技术研究院、河北工业大学、河北经贸大学四方联合共建，围绕现代学徒制创新人才培养模式，承接政府和市场的研究开发项目，开展国际交流合作，打造京津冀老年服务产品创新品牌，实现资源共享。天津城市职业学院与联想集团合作共建LSE（联想服务工程师）应用技术协同创新中心，开展技术创新申报实用新型专利《基于卡曼涡街的流量测量装置》，共同开展"LCSE""联想PC+"职业资格鉴定2项，面向区域开展社会服务1 000余人次，共同开发了18门专业课程标准和《联想LCSE岗位技术》等11本校本教材，259个技术及技能案例，积累了56.8GB的教学资源。天津城市职业学院与天津北新文化传媒集团有限公司、北京慧科科技有限公司、贵州盛华职业学院等企业和院校共建虚拟现实影视动画应用技术协同创新中心，校企双方依托中心共同开发虚拟现实教学课件和实训素材，与天津北新文化传媒集团有限公司共同开展实训教学项目开发与企业级项目制作，与北京慧科科技有限公司合作开展"腾讯云展厅"企业级项目化课程培训，与贵州盛华职业学院共同开展学生虚拟现实建模、材质等方面的培训和取证。

天津轻工职业技术学院与瑞士GF加工方案集团、德国蔡司共同投入，共建了精密模具协同创新中心，是国内高等职业学校中首个拥有精密模具智能制造生产线的校内实训基地，并将行业先进设备、前沿技术、先进工艺应用于实践教学和技能训练。在校企合作方面，天津轻工职业技术学院协助天津海鸥手表公司完成双历拨头、双历定位簧杆两个零件的高速精密级进模具开发，产品质量通过验收，并获得中国模具工业协会第十八届中国国际模具技术和设备展览会精模奖二等奖1项。天津轻工职业技术学院与天津禧圣龙精工科技有限公司等企业合作完成了40余个精密电极加工任务，以及 20 余个零件的三坐标测量任务。

天津国土资源和房屋职业学院与京津冀一线电梯品牌企业、天津市特检院共同组建"电梯应用技术协同创新中心"，在电梯应用技术研究、教育教学、人员培训、实训资源共享等方面进行互通、互助、创新、共发展，形成了以"特训周"为特点的项目化课程体系，搭建特色鲜明的电梯工程技术专业教学资源库，实现行企校资源共享，学生(学员)不断重复电梯制造、安装、维保、检测流程，在完成项目工作的过程中学习专业知识、训练专业技能，开启了线上教学的新局面。天津轻工职业技术学院是天津市财经商贸类"1+X"证书应用协同创新中心副理事长单位，参与财经商贸类"1+X"证书的相关教育教学、证书考核、证书评价、证书应用等相关工作。

第三节　持续提升人才培养对接度

天津市各高等职业学校精准对接产业链和现代服务业重点产业发展需求，大力推行现代学徒制、订单培养等校企双元育人模式，与企业携手深化人才培养，校企在设备、技术、人才、管理、文化等多方面融合，形成校企命运共同体。

一、对接天津市产业链和现代服务业重点产业的在校生、招生和毕业生情况

1 所应用技术大学和 23 所高等职业学校对接天津市产业链和现代服务业重点产业的在校生 195 808 人，招生 128 825 人。其中，对接产业链的在校生数量比对接现代服务业重点产业的在校生数量多 29 916 人，招生数量多 15 599 人，毕业生数量多 7 295 人，见表 3-1。

表 3-1　1 所应用技术大学和 23 所高等职业学校对接天津市产业链和现代服务业重点产业的在校生、招生和毕业生情况

对接产业链和现代服务业重点产业	在校生		招生		毕业生	
	数量 / 人	占比 /%	数量 / 人	占比 /%	数量 / 人	占比 /%
对接产业链	112 862	57.64	72 212	56.05	36 668	55.52
对接现代服务业重点产业	82 946	42.36	56 613	43.95	29 373	44.48
合计	195 808	—	128 825	—	66 041	—

天津医学高等专科学校与天津鹤童养老集团、威莎世纪美容有限公司、宝岛眼镜有限公司、艾迪康医学检验中心、老百姓大药房等企业合作，共建鹤童长照学院、威莎世纪美容健康学院、星创视界视光人才与产业孵化园等混合所有制二级学院；与天津市第三中心医院等 9 家综合医院、天津市胸科医院等 6 家专科医院、20 余家基层医疗机构，形成紧密依托的校院联合体，创新校院合一、协同育人的人才培养模式；开展"1+X"育训结合人才培养模式改革，开展幼儿照护、老年照护等 16 个"1+X"证书制度试点建设。

天津电子信息职业技术学院与华为、京东、海尔等产业领军企业深化校企合作，推进校企协同育人。学校在复合型人才培养、技能竞赛、创新创业、技术服务等多领域，培养出能工巧匠、世赛金牌选手、创业明星、全国技术能手等一大批优秀人才。

天津工业职业学院创新专业群人才培养模式，构建了"四环联动、四维共建、四层对接"的专业群人才培养模式；以专业群为依托，从课程改革、校企合作、服务地方、现代学徒制试点建设等多方面，系统优化合作体系和协同机制，钢铁智能冶金专业群人才培养质量位居全国前列，专业群学生参加全国冶金类技能大赛成绩自2019 年起连续三年高居全国第一。

天津铁道职业技术学院在中国国家铁路集团有限公司的总体安排下，与其所属北京、上海、广州、成都、郑州、武汉、西安、沈

阳、太原、济南、南昌、南宁、昆明、兰州、西宁、乌鲁木齐、呼和浩特、哈尔滨等 18 家铁路局合作实施 "2+1" 特色学徒制人才培养模式，将岗位实习期与就业见习期的时间合并、能力要求合并、取证等级要求合并，实现毕业即就业、毕业即定岗。

天津滨海汽车工程职业学院将企业的全面质量管理 (TQS) 理念灵活移植到专业人才培养体系中，在教学实践过程中，校企双方均将 "顾客满意、全面管理和持续改善" 的意识固化，不仅形成了 "人机料法环" 五位一体的人才质保体系，更进一步探索并实践了高职类专业人才校企联合培养新路径，见图 3-3。

二、学徒制和订单班在校学生情况

1 所应用技术大学和 23 所高等职业学校中，22 所学校 (除天津公安警官职业学院、天津艺术职业学院) 的学徒制和订单班在校学生总人数 13 984 人，占 22 所学校在校生总数的 6.76%。其中，学徒制在校学生 5 012 人，占比 2.42%；订单班在校学生 8 972 人，占比 4.34%。天津滨海汽车工程职业学院、天津铁道职业技术学院、天津医学高等专科学校的学徒制和订单班在校学生占比排前三位。

天津医学高等专科学校全面推进现代学徒制人才培养，在药物制剂技术、药学、针灸推拿、医学营养、口腔医学技术等专业实施现代学徒制、订单定向人才培养。

天津海运职业学院创新实践航海卓越人才培养模式 3.0，加大订单培养力度。学院自 2021 年在全国航海类高等职业学校率先实现全订单培养，目前已培养 1 620 名学生，订单企业 10 余家，既有中远、华洋、招商等全国龙头企业，也有惠通等天津本地的优秀民营企业。目前，六大专业群中，每个专业群至少有一个专业实现了全订单培养。

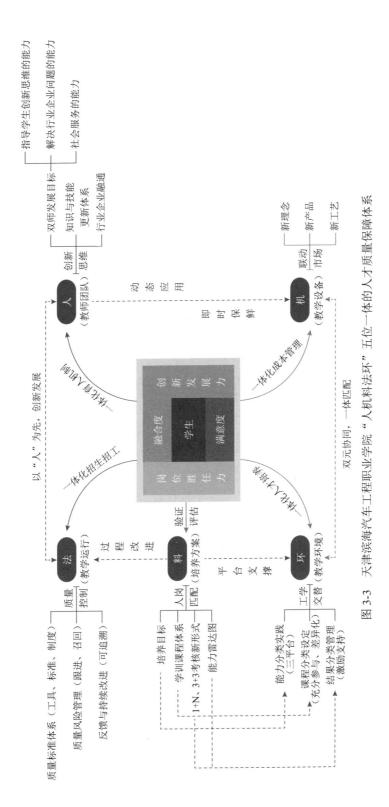

图 3-3　天津滨海汽车工程职业学院"人机料法环"五位一体的人才质量保障体系

天津城市职业学院婴幼儿托育服务与管理专业与北京威德国际教育集团持续深度合作，成立"威德班"——教育部第二批现代学徒制试点班，合作建立了国家职业教育研究院蒙台梭利教育分院教育基地及蒙台梭利教学法国际交流中心 (IMTI) 分中心，开设威德蒙台梭利助理教师定向培训，已有 150 名学生获得了国际认证的蒙台梭利助教证书，毕业生就业率达 100%，国家职业资格证书获取率达到 100%，岗位对口率达到 90% 以上，"1+X"证书通过率达到 95% 以上，毕业生的专业能力和职业素养获得企业和行业的一致好评。

三、学徒制和订单班企业兼职教师授课学时情况

1 所应用技术大学和 23 所高等职业学校中，22 所学校 (除天津公安警官职业学院、天津艺术职业学院) 的学徒制和订单班企业兼职教师授课总学时数为 112 357 学时。其中，学徒制企业兼职教师授课总学时数为 72 353 学时，订单班企业兼职教师授课总学时数为 40 004 学时。天津机电职业技术学院、天津交通职业学院、天津铁道职业技术学院的学徒制和订单班企业兼职教师授课总学时数排前三位。

天津交通职业学院开展现代学徒制、订单培养，构建支持"交通工匠"终身发展的培养培训体系。学院与老茂生、老美华、天士力和顺丰等多家企业合作开展电子商务专业和现代物流管理专业的现代学徒制人才培养；携手柳工、特变电工等国内外知名企业深入开展订单班建设，持续推进精准对接企业岗位的特色化订单培养，拓展订单专业范围，打造高端品牌、大型企业及按需点单的三种订单班人才培养模式。学院现有订单班 27 个，企业订单学生数为 1 800 余人，占学生总数的 18%。近年来，学生获得国家级各类奖项 77 项，省部级各类奖项 281 项。

天津铁道职业技术学院开展定向招生、准员工培训的订单班培养模式，与合肥地铁、兰州地铁等轨道交通企业合作，学生入学即可自愿签约，企业全程参与人才培养，实现按企所需培养人才。学院在天津市 2021 届、2022 届高校毕业生就业质量考核中均获评优秀，毕业生职业稳定率、晋升和薪酬等指标均居天津市高等职业学校首位。

天津轻工职业技术学院在 22 个专业中开展现代学徒制人才培养，占专业总数的 66.7%；构建"双导师团队"，课程内容与职业标准对接，教学过程与生产过程对接，将专业领域的新知识、新技术和新方法补充并更新到教学内容中，及时调整课程体系，修订课程内容，开发新课程，校企共建共享性专业教学资源，提升专业影响力。

天津国土资源和房屋职业学院电梯工程技术专业与迅达（中国）电梯有限公司合作开展现代学徒制人才培养，打造"德技双修，三全育人，四段培养"的特色人才培养模式，打破电梯专业无法"工学交替"的窘境，独创四段式电梯专业现代学徒制人才培养模式，校企共设私人定制式"特训周"培训模式，形成多元化考核机制。

四、岗位实习学生情况

1 所应用技术大学和 23 所高等职业学校岗位实习学生总人数达 60 658 人。其中，岗位实习学生人数排前三位的院校依次为天津中德应用技术大学、天津电子信息职业技术学院、天津市职业大学。

天津城市建设管理职业技术学院城市热能应用技术专业探索工学交替、理实融合的"231"分段教学模式，与天津市热电公司、天津华德智慧能源管理（天津）有限公司合作开展"工学交替"教学模式改革，持续将"课岗交替、理实互融"的分段培养模式深化，使该专业的教学具备鲜明的行业特点，符合行业岗位对人才培养的需求。学院智能焊接专业与中国电建集团核电工程有限公司、中国石油天然气管道局第六工程公司和中建钢构天津有限公司合作，打造牢固的一校三企四方校企合作命运共同体，探索并创建了"匠心引领、沉浸共育、五育并举"的中国特色现代学徒制高质量焊接技术技能人才培养模式。

天津现代职业技术学院在全面总结试点的海鸥现代学徒制成功经验的基础上，加强对招生招工工作的统筹协调，逐步建立招生招工一体化机制，以及与现代学徒制相适应的教学管理与运行机制。天津现代职业技术学院智慧健康养老服务与管理专业与天津市10余家养老行业领军企事业单位签订现代学徒制学徒培养合作协议，校企协同构建政策沟通、人员互通、资源融通的"三通"融合机制，以及联合招生招工、联合人才培养、联合推进就业的"三联"双主体育人机制。

天津滨海汽车工程职业学院以专业为纵轴，以产业链条为横轴，基于不同类别企业的人才需求，开发了"总对总"定向培养、"总结总"产业学院、一对一订单合作、现代学徒制定向培养等校企合作模式，逐步建立起专业、企业、岗位持续发展的人才培养矩阵。校企联合创新推出了"汽车职业体验""行业企业岗位实践""职业工坊""功夫课堂""智能微工场""定向定岗实习""汽车产业学院"等人才培养项目，并将各人才培养项目有机串联，为学生构建稳定的就业平台。

第四节　大力开展技术技能培训

天津市各高等职业学校紧贴区域、行业、企业的实际需求，发挥行业办学特色，联合行业和企业，面向产业链、现代服务业重点产业，大力开展技术技能培训，保障培训的针对性和实用性。

一、承担企业培训人次和学时情况

天津市共有 19 所高等职业学校开展企业培训，共 235 328 人次。天津市职业大学、天津交通职业学院、天津医学高等专科学校的培训人次数排前三位。

19 所高等职业学校共开展企业培训 607 914 学时。天津市职业大学、天津交通职业学院、天津医学高等专科学校的培训学时数排前三位。

二、培训项目和服务企业情况

19 所高等职业学校共开展企业培训项目 267 项。天津市职业大学、天津石油职业技术学院、天津铁道职业技术学院的培训项目数量排前三位。

19 所高等职业学校主要承担 138 家企业的培训。其中，服务的头部、大型、链主企业有 112 家 (头部企业 9 家、大型企业 94 家，链主企业 9 家)，占比 81.56%；服务的天津企业有 97 家，占比 70.29%。

三、对接产业链和现代服务业重点产业的企业培训情况

对接产业链的企业培训项目有 222 项，占承担企业培训项目总数的 83.15%，主要对接信创、高端装备、集成电路、车联网、新能源、航空航天、新材料、汽车及新能源汽车、生物医药、绿色石化、轻纺 11 条产业链。对接产业链的企业培训总计 206 106 人次，511 072 学时。

对接现代服务业重点产业的项目有 211 项，占承担企业培训项目总数的 79.03%，主要对接现代金融、现代物流、商务服务、科技服务、设

计服务、信创服务、商贸服务、健康服务、教育服务、家庭服务 10 项服务业重点产业。对接现代服务业重点产业的企业培训总计 193 488 人次，150 548 学时。

天津交通职业学院与天津三号线轨道运营有限公司联合开展中国特色企业新型学徒制福利培训，共计 500 余名企业职工参加培训；依托交通运输部公路养护工、道路施工现场管理人员等职业资格认定资质，完成区域内近千名企业职工的培训认定。天津交通职业学院还采取信息化手段以远程方式为上海建工、中铁十八局等世界五百强企业提供线上培训、认定服务，为天津港、海河邮轮等区域内企业实施定制化服务。

天津铁道职业技术学院为天津市和京津冀轨道交通行业的企业，以及中国国家铁路集团有限公司、中国铁路北京局集团公司、北京地铁公司、天津南环铁路等单位提供优质的培训资源和服务，包括轨道交通运输培训、铁路机车车辆驾驶人员资格理论考试培训、危险货物装载加固运输培训、普速及高铁工务线路和桥隧技术培训、普速及高速铁路通信和信号维修培训、物资管理培训、工电供专业融合培训、电气化人身安全培训等内容。2022 年，学院克服疫情影响，主动改变培训模式，采用线上培训的模式提供培训服务，全年举办培训项目 58 个，总计培训 4 659 人、25 784 人天。

天津石油职业技术学院的培训工作坚持"强业务、拓市场、细管理、练内功"主线，积极开拓培训基地，于 2022 年开辟了蓟州区、西柏坡等 3 个培训基地；积极进行线上培训平台直播演练，实现了线上培训业务首次开花结果，圆满完成了集团公司兼职师资培训和职前训练营培训任务，以及油田公司交办的培训任务，全年承办培训班 51 个，收入逾千万元。

第四章

就业创业与技能赛事

天津市高等职业学校优化就业管理服务，多措并举促进毕业生就业，推动毕业生高质量就业；深化创新创业教育改革，完善创新创业教育体系，搭建创新创业平台，着力提升学生就业创业能力，指导各职业学校打造独具特色的双创模式。始终坚持以赛促教、以赛促学，将全国职业院校技能大赛12年办赛积累的经验转化为主动作为、锐意进取的强大动力，不断推动教育教学改革。2022年，天津市成功举办由中华人民共和国教育部、中国联合国教科文组织全国委员会、天津市人民政府共同发起的世界职业院校技能大赛。

◆ 1所应用技术大学和23所高等职业学校中，23所学校(除天津中德应用技术大学)毕业生总人数为60 200人，毕业去向落实人数为56 245人，毕业生去向落实率为93.4%。

◆ 用人单位满意度97.3%，同比增长率0.44%。

◆ 获第八届中国国际"互联网＋"大学生创新创业大赛全国总决赛职教赛道项目金奖和银奖各1项。

◆ 世界职业院校技能大赛的国内外参赛选手以"手拉手"的方式，共同打造了以海内外鲁班工坊建设院校为代表的世界各国职业院校师生"同比赛、齐交流、共分享"的崭新赛事。

◆ 2019—2022年，天津市高等职业学校承办技能竞赛赛项近600项。

天津市高等职业教育深入贯彻落实习近平总书记关于加强高校毕业生就业工作的重要指示精神，坚决贯彻落实党中央、国务院关于"稳就业""保就业"的决策部署，坚决扛起稳就业、保就业政治责任，始终把毕业生就业工作摆在突出位置，作为重大政治任务抓紧抓实；坚持以赛促教、以赛促学，积极、主动地承担国家级、市级各类学生职业技能竞赛承办工作，组织学生参加各级各类职业技能大赛，培养更多高技能人才。

第一节　夯实就业，深化创业

各高等职业学校优化就业管理服务，多措并举促进毕业生就业，推动毕业生高质量就业；深化创新创业教育改革，完善创新创业教育体系，搭建创新创业平台，着力提升学生就业创业能力，指导各职业学校打造独具特色的双创模式。

一、毕业生就业人数与去向落实人数

在高校毕业生就业促进周、就业创业政策宣传月活动、重点群体促就业"国聘行动"、校园招聘月等国家政策推动下，天津市高等职业学校毕业班就业工作取得显著成效。

天津铁道职业技术学院 2022 届毕业生工作与专业相关度达到90%，70% 以上的毕业生从事与专业相关的交通运输类职业，85%的毕业生在 1 000 人以上的大中型国有企业工作，就业岗位适应性达到 92%，毕业生就业稳定性高，就业满意度达到 92%，职业发展目标明确，晋升通道顺畅。

天津交通职业学院的毕业生白鹏武上学期间迷上开网店，在校企联合培养下，通过实际运营店铺，不断提高专业水平，毕业后到华良(天津)科技有限公司实习，用 3 个月的时间将一个每月只赚5 000 元的新店的月销售额提升到 10 万元。2021 年，他操盘的线上店铺已经有 11 个，线上销售额突破 1.1 亿元；2022 年，他已经是

阿里巴巴事业部负责人，并获得阿里巴巴总部颁发的"年度金牌运营"荣誉。

天津商务职业学院持续开展了"访企拓岗"促就业专项行动。广告学院深入企业走访座谈，走访中国小站近代军史馆(天津练兵园文化旅游发展有限公司)、国家会展中心、国家会展中心天津万豪酒店、国家会展中心福朋喜来登酒店等企业，深入了解企业的经营方向、发展前景、新技术应用、人才需求及人才匹配性等情况，进一步明晰广告行业发展对人才培养在规格和方向上的需求，为做好毕业生就业工作提供了充足、高质量的就业岗位保障，有效助力毕业生答好就业这道"必答题"，为毕业生更加充分、更高质量就业保驾护航。

二、毕业生用人单位满意度

天津市高等职业学校以就业为导向，深化校企合作，创新人才培养模式，密切对接职业标准、岗位标准，不断提高毕业生质量，得到用人单位高度认可。2022年，天津市高等职业学校用人单位满意度达到97.3%，同比增长率0.44%。

天津市职业大学针对用人单位的人才需求及对本校毕业生的使用评价等工作开展满意度调查，聘用过该校毕业生的用人单位对应届毕业生均表示满意，总体满意度为99.54%。其中，对毕业生的团队合作能力、服务意识、学习能力、创新意识、劳动纪律及可持续发展能力的满意度均为100%，体现了学校通过提高毕业生的职场能力，强化创新意识，培育核心竞争力，不断提高用人单位的满意度，满足用人单位的需求。

天津电子信息职业技术学院软件技术龙头专业群服务信创产

业，近年来输送产业人才近 3 000 人，高端人才占比超 25%，用人单位满意度为 99.9%。校友满意度反映毕业生对母校的总体评价情况，校友推荐度反映学生是否愿意推荐亲朋好友到母校就读，可以直观地反映学生对学校的认可程度。根据麦可思研究院的调研数据，学校 2022 届毕业生对母校的总体满意度为 98.69%，校友推荐度为 76%，多数毕业生对母校整体较为认可。2022 届毕业生对学生工作、生活服务的满意度均在 90% 以上。

天津城市职业学院 2022 届毕业生用人单位满意度达 99.7%，超过 2021 届 3 个百分点。教育与社会事业系辅导员李文思老师精准施策、贴心指导，学生成功就业案例入选 2022 年《天津市高校毕业生就业观教育工作典型案例集》。李文思老师负责的幼儿发展与健康管理专业毕业生刘同学实习一个月后，就在班级微信群中频繁抱怨实习工作辛苦，连续发布一些负能量的群消息。李文思老师通过沟通了解到刘同学对职业发展路径不明确，职业目标缺失，更对未来就业缺少信心。李文思老师首先肯定了刘同学没有把不良情绪憋在心里而愿意去分享和表达的做法，同时在班级中开展"青春、奉献、责任、担当"就业观主题教育活动，将学生专业教育与职业能力提升相结合，将爱国主义教育与就业观教育相结合；邀请专业教师及幼儿园园长等开展主题教育，引导学生树立脚踏实地、不畏艰辛、勇挑重担的就业观念，帮助学生建立提前规划、尽早行动的就业意识；邀请已经就业并顺利进入幼儿园工作岗位的优秀毕业生以在线分享的形式讲述自己的就业经历，分享就业经验，让学生明白榜样就在身边。通过李文思老师的努力，刘同学最终成功入职，并带动整个班级实现了 100% 就业。

三、创新引领创业、创业带动就业

天津市各高等职业学校坚持创新引领创业、创业带动就业，搭建产教融合、协同创新等双创实践平台，不断强化导师队伍建设，完善双创教育体系和保障体系，提升双创人才培养质量，学生的创新精神、创业意识和创新创业能力明显增强，投身创业实践的学生显著增多。各学校以创新创业类大赛为抓手，积极组织学生参加"第二届天津市大学生新媒体创新创业大赛""海河英才创新创业大赛"等各级各类创新创业大赛，以赛事促就业能力提升，激发高校毕业生创新创业活力。

2022 年 4 月，在第八届中国国际"互联网＋"大学生创新创业大赛天津赛区的比赛中，天津市高等职业学校获得 3 项金奖、12 项银奖、59 项铜奖。2022 年 11 月，在第八届中国国际"互联网＋"大学生创新创业大赛全国总决赛中，天津市职业大学的"黄金卵——国内鱼虾苗顶级饵料磁孵化先锋"项目获得职业教育赛道金奖，天津电子信息职业技术学院的"一店千面——当代中国餐饮'心'玩家"项目获得职业教育赛道银奖。

天津市职业大学以学生科技社团、双创项目工作室、双创教育特训营、校友会、中国国际"互联网＋"大学生创新创业大赛等为载体，形成思创融合、专创融合、科创融合、情创融合、产教融合等模式的"12355"立体化创新创业教育链条。政、校、企三方携手，打通空间载体拓展、创新资源汇聚、双创课题研究、创新工作室实践、跨校跨学院联动、产教融合转化等，实现"以赛促学、以赛促教、以赛促创"。2020 级环境监测与控制技术专业的张嘉铖同学参加创新创业项目"城市绝锂王牌——锂离子筛"后，依托学校的劳动工坊，在专业教师的指导下研发"锂离子筛"，将废旧锂离子电池这座无人问津的"城市锂矿"变成了宝贵的资源，并先后申报了11项发明专利。

天津电子信息职业技术学院吸引学生双创团队进入学校高水平专业群设置的"金甲工坊""蚂蚁工坊""华为-网云工坊"和"291数字媒体艺术中心"等锤炼技能，搭建五级竞赛体系和展示平台，形成梯度人才培养体系。以"就业、成果、创新、责任"为导向开展工作，成果与成效突出：一是基于"就业"导向的经济效益助力经济转型升级。创业学生团队累计带动就业近2 000人，创立自主品牌4个。双创教师团队开展企业咨询，为企业创造经济效益400余万元。学生创业团队开发"智云"解决方案，为41家企业节约管理成本约1 000万元；赤电团队为20余家企业提供孵化运营服务，参与建设240余家店铺，策划2家公司获得天使轮千万元级别的投资；恭学团队企业估值达6 000万元。学生在营企业累计营收1.1亿元。二是基于"成果"导向扩散效应助力人才强国战略。学生竞赛报名人数及项目数增长超过10倍，获得国家级和省部级双创类奖项超100个，直接带动13个学生团队走上创业道路。在近三届"互联网＋"大学生创新创业大赛天津赛区比赛的组织和成绩分值排名中，学校稳居三甲。三是基于"创新"导向的集聚效应助力创新型国家建设。学生创业团队累计获得发明专利、实用新型专利、软著权、注册商标、作品登记证书等共51项。四是基于"责任"导向的专创融合社会效益逐步显现，助力文化强国战略。学校团队借助"泥人张"国家级技能大师工作室，进行IP商业化开发；与天津市非遗刻砖刘、津派花丝开展文物复原合作和文创产品商业合作；神兽堂团队与新华网合作，推出漫说热点栏目，获得近百万阅读量。

天津现代职业技术学院"治水先锋——无人机用于水域自动监测领航者"项目获得"2022年度天津市大学生创新创业拔尖项目"

立项。该项目打破传统监测模式的束缚，利用无人机（或其他高点和固定点）集成多型光谱遥感测量仪器，基于空间、时间、图谱多维度采集河、湖、库等的水体光谱数据并传输到云端，结合 AI 技术和模型计算，实现绿素、总氮，总磷、氨氮等多参数的测定，生成直观可视的水质监测图表，构建集采集、传输、分析、预警于一体的全链条立体化水质监测感知网。

白鹏武是天津交通职业学院 2022 年的一名毕业生。2017 年，学习电子商务的他在阿里巴巴平台开设了一家店铺，主要目的是学习如何管理并运营一家网店。2018 年在校期间，他通过"双选"进入了该校电子商务专业的企业学徒项目组。在校企联合培养下，他一下子就迷上了"开网店"这项事业，找到了今后的职业发展方向。他认为"运营一家新店意味着一切从零做起，客服、美工、运营都是我自己一个人完成"。通过实际运营店铺，自己不断摸索，弥补知识盲区，通过反复实践提高了专业水平，同时也可以及时发现客户诉求，解决经营中的痛点。2019 年，他到华良（天津）科技有限公司实习。这个貌不惊人的小伙子仿佛"开了挂"，从新店每月销售额 5 000 多元，到店铺月销售额超 10 万元，他只用了 3 个月时间。到了 2021 年，他操盘运营的线上店铺已经有 11 个，线上销售额突破 1.1 亿元。2022 年，白鹏武已经是阿里巴巴事业部的负责人，成为公司运营部的核心骨干，管理几十个人的电商团队，并获得阿里巴巴总部颁发的年度金牌运营荣誉。8 月，他回到母校，细化了产教融合的培养方案。"我当初就是在这里，开始了电商'小白'成长之路。"白鹏武指着实训基地一排排工作间说，"您看，这里的直播实践场拥有 12 个直播作训室，能够提供主播、副播、场控、运营、客服等 5 个岗位的直播运营项目实训，是电子商务专业学生最爱的模拟'战场'。"

第二节　成功创办世界职业院校技能大赛

2022 年，天津市成功创办世界职业院校技能大赛。世界职业院校技能大赛（以下简称"世校赛"）由中华人民共和国教育部、中国联合国教科文组织全国委员会、天津市人民政府共同发起，是世界职业技术教育发展大会的品牌活动。世校赛坚持促进中国职业教育走出去，服务国际产能合作，促进世界各国职业院校师生技能切磋、加强交流、增进友谊、展示风采。世校赛的国内外参赛选手以"手拉手"的方式，共同打造了以海内外鲁班工坊建设院校为代表的世界各国职业院校师生"同比赛、齐交流、共分享"的崭新赛事。

一、世校赛呈现三大特色

（一）科研引领研发，形成简约、绿色的国际竞赛方案

世校赛坚持问题导向和目标导向，用科研思维和科研方式，聚焦大赛定位、赛制设计、参赛组队、规程编制等一系列关键问题，建立赛事研发与实施工作机制，高起点开展大赛设计、开发、组织、实施等各项工作，形成了简约、绿色的国际竞赛方案，得到各级领导、学校、媒体、与会嘉宾的充分肯定和赞许。

世校赛的组织与设计坚持高起点、高标准，由科研机构着手设计，以职业教育国际知名品牌鲁班工坊建设成果为核心内涵，以中国技能竞赛制度为支撑，起点高、标准高、国际化程度高。

世校赛成立了高规格的组织机构，保证赛事在全国范围内顺利推动。教育部牵头成立世界职业技术教育发展大会组委会世校赛组，教育部职业教育成人教育司、国际合作与交流司、教育部职业教育发展中心、中国交流协会等全程参与；天津市人民政府牵头成立世界职业技术教育发展大会天津市组织工作委员会大赛组，天津市教育委员会、天津

市教育科学研究院全程参与，同时成立世校赛执行委员会、赛区执委会和赛项执委会。

（二）调查研究先行，夯实制度研发储备

成功的世校赛背后有一系列的制度研发做支撑。一是组织调研、专题研讨100余次，编制各类调查问卷30余套。二是开展国内外重大赛事文献调研，形成30万字的调研报告。三是研发、编制世校赛系列重要制度文本20余个，如世校赛方案、世校赛实施方案、世校赛管理办法、赛项规程模板、赛项线上比赛方案模板、赛务用品设计方案、赛项指南设计方案与模板、赛务系统建设方案、主视觉形象设计方案、承办校与合作企业遴选方案、宣传方案、防疫方案、安保方案等。

世校赛设立天津主赛场和江西分赛场，赛项分为竞赛和展演两类，设有智能生产线安装与调试、信息技术应用创新、碳中和可再生能源工程技术、中医传统技能、特高压等8个赛项单元23个比赛项目。比赛分两阶段进行，首先是线上比赛，然后与首届世界职业技术教育发展大会同期，在国家会展中心（天津）举办了世校赛的展演赛和颁奖仪式。赛项设置突出服务实体经济和展现中国传统文化，电子与信息类赛项占34.78%，装备制造类赛项占30.44%，传统文化类赛项占17.39%，见表4-1。

表4-1 世校赛赛项数量与占比

类型及占比	赛项单元	赛项数量/个	占比/%
竞赛类赛项，占65.22%	装备制造	5	21.74
	电子与信息	7	30.43
	交通运输	1	4.35
	财经商贸	1	4.35
	能源动力与材料	1	4.35

类型及占比	赛项单元		赛项数量 / 个	占比 /%
展演类赛项，占 34.78%	中国制造与传统文化	装备制造	2	8.70
		传统文化	3	13.04
		电子与信息	1	4.35
	能工巧匠		1	4.35
	非物质文化		1	4.35

世校赛参赛选手来自亚洲、非洲、南美洲、北美洲等 107 个国家，共 207 支参赛队、988 名参赛选手和 489 名指导教师参加比赛。世校赛 15 个竞赛类赛项共产生金牌、银牌、铜牌各 15 个，优胜奖 56 个，共计 101 个奖项。8 个展演类赛项共产生最佳创意奖、最佳组织奖、最佳表现奖各 1 个，优胜奖 27 个，纪念奖 26 个，以及特别合作奖 3 个，共计 59 个奖项。世校赛有 27 人获优秀指导教师称号。

（三）政研校企联动，建立赛事组织与实施机制

建立常规性赛事沟通与协调推进机制，定期召开部市周调度会、部市重点工作协调会、市大赛工作推进会、市教科院大赛周例会、赛项推进工作周例会、线上比赛联络员例会等，实现各方有效衔接，确保大赛各项工作顺利、有序推进。

世校赛与世界职业技术教育发展大会共同报道，共有 45 家媒体、297 名媒体人员及团队到会采访，天津市还邀请了商业网站 14 家、网络"大 V"100 名。《人民日报》、《中国日报》、《中国教育报》、中央广播电视总台、中国教育电视台、人民网、新华网、《天津日报》、津云、天津广播电视台等媒体从线上比赛开始，对比赛和开、闭幕式进行了深入报道。据不完全统计，关于世校赛的媒体报道有 388 篇次，其中天津媒体报道 200 篇次，津外媒体报道 188 篇次。

二、世校赛实现六大创新

（一）创新性举办"同比赛、共交流、齐分享"崭新赛事

实行"手拉手"组队，中外选手组成参赛共同体，一同报名、一同训练、一同比赛、一同获奖，打造以鲁班工坊建设院校与工坊所在国合作学校为代表的世界各国职业院校师生"同比赛、共交流、齐分享"的崭新赛事。

（二）创新性打造基于工程实践创新项目的比赛形式

打造了基于工程实践创新项目的比赛形式，突破单纯技能比拼，创设工程化、实践性、创新型、项目式的竞赛环境和条件，全面考察参赛选手综合能力，提升选手全面发展和可持续发展的能力，整体呈现"走出去"的中国职业教育教学模式、标准、装备与资源。

（三）创新性构建技术技能纵向延伸、横向融通的赛项单元群组

聚焦服务实体经济发展的竞赛类赛项与能工巧匠的展演类赛项，形成"今天小匠"与"明天工匠"的呼应。同时，世校赛在展演类赛项单元设置航空航天应用项目展演，呈现顶端科技、工程实践领域与职业教育领域的链条式对接，体现现代职业教育体系纵向延伸、横向融通的建设方向。

（四）创新性组织线上赛场、线下赛点的后疫情时代比赛

兼顾国内外实际情况，综合赛场条件、设备要求、网络速度、执裁监督等因素，根据国际标准、公平公正、协作配合、科学竞赛、强化质量、加强交流六项原则，实施线上赛场、线下赛点的比赛，保证竞赛公正、公平。

（五）创新性建设以"鲁班工坊"国家品牌为标志的国际交流平台

聚集鲁班工坊建设成果，与来自世界各国职业院校的师生切磋，分

享中国先进的教学模式、技术装备、教学资源，建设以"鲁班工坊"国家品牌为标志的国际交流平台，增强中国职业教育话语权、主导权和影响力。

（六）多维度营造激励技术技能人才成长氛围

建立了奖金制度，对竞赛类赛项获得金牌、银牌、铜牌和优胜奖的参赛队进行重奖。同时，设置能工巧匠展演单元，展示其依靠技能成才报国本领，营造尊重技术技能人才、重视技术技能人才、激励技术技能人才的浓厚氛围。

第三节　以赛促教、促学、促转化

天津市始终坚持以赛促教、以赛促学，将全国职业院校技能大赛12年办赛积累的经验和做法转化为主动作为、锐意进取的强大动力，不断推动教育教学改革。通过以赛促教、以赛促学，促进专业设置对接产业需求、课程内容对接职业标准、教学过程对接生产过程，推动教学内容、教学模式、课程体系改革与职业技能大赛之间的良性互动，达到人才培养质量和大赛成绩双提升、双促进。

一、健全三级技能竞赛机制

天津市将技能大赛作为职业教育高质量发展的主要抓手，作为培养和选拔高素质技术技能型人才的重要途径，全面宏观引领，强化顶层设计，加强指导和培训，持续实施"校级—市级—国家级"三级技能竞赛机制，不断提升高职学生职业技能水平。各高等职业学校通过承办世界级、国家级、市级各类高水平技能大赛，推动了教学改革和人才培养模式的创新，推进了专业、课程、实验（训）基地的建设，促进职业教育与企业实际需求接轨，不断弘扬劳模精神、劳动精神、工匠精神，也为国家培养了更多高素质的技术技能人才、能工巧匠和大国工匠。

在世界职业院校技能大赛中，相关学校共获得竞赛类金奖 9 个、银奖 3 个、铜奖 1 个、优胜奖 8 个，展演类最佳创意奖、最佳组织奖各 1 个，优胜奖 11 个，纪念奖 10 个，特别合作奖 3 个。2022 年全国职业院校技能大赛 (高职组) 中，天津市高等职业学校获一等奖 3 项、二等奖 18 项、三等奖 33 项。各类大赛为学生提供了"人人出彩"的展示平台，毕业生的实践动手能力、合作协调及敬业精神受到用人单位的好评。

天津市职业大学建成"职业院校大赛优质资源成果转化平台"，完成工业产品造型设计与快速成型、电子产品设计及制作、文秘速录、汽车检测与维修、英语口语、自动化生产线安装与调试 6 个高职赛项的深度解析与资源转化；完成了与赛项对应的 13 门课程建设，固化大赛成果，挖掘大赛资源，开发了一批包括虚拟仿真、动画、视频、微课、课程、案例等在内的教学资源，以及相应的学习项目与综合实训项目，推动大赛成果服务日常教学，服务 17 000 余名学生。

天津交通职业学院聚焦"赛项转化"，培育双创实战成果，目前众创空间的 3 支团队已孵化成企业，同时新增 2 个科技型企业，基本实现众创空间由服务型企业向创新型企业的转型。众创空间创业团队带动就业 3 人，实现了创新引领创业，创业带动就业的宗旨。

2022 年，天津电子信息职业技术学院承办了"信息技术应用创新"和"5G 通信网络布线"等赛项，共有包括中国在内的 9 个国家，40 位选手组成的 10 支中外联队参赛。为了充分发挥媒体的宣传矩阵作用，全方位讲述师生在世界职业院校技能大赛中的备赛经历与获奖事迹，学校的微信公众号推出有关原创推文 10 余篇，抖音、视频号共发布相关视频 27 个，播放总量近 30 万次，点赞、评论、转发 6 000 余条。天津电子信息职业技术学院还承办了市级比赛 7 项，市级职业院校技能大赛 4 项，凝聚起职教战线同仁、广大师生员工勇争先锋、勇毅前行的强大正能量。教育部党组书记、部长怀进鹏调研指导学校数字化转型实践成果见图 4-1。

图 4-1　教育部党组书记、部长怀进鹏调研指导学校数字化转型实践成果

天津轻工职业技术学院光伏发电技术与应用专业 2020 级学生司华蓓姣（见图 4-2），在校园里实现自己的求学梦想，在赛道上书写青春画卷，用奋斗成就出彩的青春、点亮人生之路。2022 年 4 月，司华蓓姣获得风光互补安装与调试天津市选拔赛第一名，8 月获得世界职业院校技能大赛碳中和可再生能源工程技术赛项金牌，以及"六百光年杯"第十五届全国大学生节能减排社会实践与科技竞赛团体三等奖 2 项。她坚持立身以立学为先，立学以读书为本，对待学习从未松懈，不断提高专业水平，刻苦学习专业知识，一直以认真、求实的态度对待大学生活，每个学期的综合成绩均稳定在专业前三，并获得二等奖学金。她主动投身实践，坚持技能成就梦想，在世界职业院校技能大赛碳中和可再生能源工程技术赛项的赛场上，和队友通过大屏幕与埃及鲁班工坊的两位海外学生"云合作"，按大赛要求设计并完成风光互补模拟发电项目的展示，共同

捧回了赛项金奖。为了在赛事上取得佳绩，收到题目要求后，团队成员提前三个多月开始准备，在整个备赛的过程中，克服了时差、专业名称不一致、语言不通等困难，常常线上"碰面"、共同研究，最终不负众望，获得金牌（见图4-3）。

图 4-2　司华蓓姣同学日常实训练习

图 4-3　世界职业院校技能大赛获奖证书

二、以赛促教提升人才培养质量

天津市各高等职业学校以竞赛工作为重要抓手，积极、主动地承担国家级、市级各类学生职业技能竞赛承办工作，并组织学生参加各级各类职业技能大赛，帮助学生养成阳光自信、团结协作、积极进取、立志成才的优良学风，激励学生走技能成才、技能报国之路。据不完全统计，2019—2022 年，天津市高等职业学校承办技能竞赛赛项近 600 项，主要有全国职业院校技能大赛、世界职业院校技能大赛、金砖国家职业技能大赛、天津市职业院校技能大赛、"海河工匠杯"技能大赛等。

天津中德应用技术大学高度重视技能竞赛对应用型人才培养的促进作用，精心筛选国内高水平赛项，以提高实践能力为导向，引导学生通过参加各类竞赛锻炼综合运用与实践创新能力，已连续多年承办国家级、省部级一类赛事。近年来，天津中德应用技术大学承办国家级一类竞赛，如全国职业院校技能大赛的自动化生产线安装与调试赛项、智能电梯装调与维护赛项、自动化生产线安装与调试国际邀请赛等 10 余个赛项，共获得国家级一等奖 5 项、二等奖 7 项、三等奖 11 项；承办省部级一类竞赛，如天津市职业院校技能大赛工业产品造型设计与快速成型赛项、自动化生产线安装与调试赛项 (含教师赛)、虚拟现实 (VR) 设计与制作赛项、嵌入式技术应用开发赛项等技能大赛，"海河工匠杯"技能大赛，天津市工业机器人技术应用技能大赛暨全国工业机器人技术应用技能大赛天津市选拔赛，第十三届全国大学生"恩智浦杯"智能汽车竞赛华北赛区比赛等 10 余个赛项，共获得省部级一等奖 40 项、二等奖 53 项、三等奖 73 项。学生参加各级各类高水平技能类竞赛并获得一等奖近 20 项，同时，借助技能竞赛开发教学资源，推动职业教育改革，获国家级教学成果奖特等奖 1 项，一等奖 1 项。

天津市职业大学形成了"以赛促教、以赛促学、以赛促改"的良好氛围，学生在技能竞赛中获奖丰富，成果显著。在2021年全国职业院校技能大赛、全国大学生电子设计竞赛、全国大学生数学建模竞赛、第二届"海河工匠杯"技能大赛、华北五省计算机应用大赛等技能竞赛中共获得国家级奖项20项，其中一等奖3项、二等奖8项、三等奖9项；获得省部级奖项65项，其中一等奖8项、二等奖28项、三等奖29项。世界职业院校技能大赛增材制造技术赛项中，与南非鲁班工坊选手组成的队伍获得金奖。2022年全国职业院校技能大赛天津选拔赛的软件测试和学前教育专业教育技能2个赛项中，通过激烈比拼，2支队伍获得全国职业院校技能大赛的参赛资格。

天津轻工职业技术学院高水平承办世界职业院校技能大赛碳中和可再生能源工程技术赛项，完成赛项规程、实施方案等文件的制订，合作企业的遴选等工作，对国内外参赛选手开展培训，获得金牌1项，承办第三届海河工匠杯技能大赛塑料模具工程、可再生能源2个赛项，参加2021年天津市职业院校技能大赛5个学生赛、2个教师赛，申报2022年天津市职业院校技能大赛5个赛项。天津轻工职业技术学院在各级各类大赛中取得优异成绩，教师获奖140人次，学生获奖450人次。印度鲁班工坊培养的选手多次参加中国及国际职业技能大赛。2018年，印度鲁班工坊团队在2018年全国职业院校技能大赛国际邀请赛的风光互补发电系统安装与调试项目中荣获优胜奖。2020年1月，在印度孟买科技节智能鼠比赛中，由印度鲁班工坊学生和天津轻工职业技术学院学生李占芳组成的联合代表队荣获印度国内赛第一名，国际赛优胜奖。

天津电子信息职业技术学院拥有世赛国家队教练组长1人，中华人民共和国职业技能大赛裁判长1人，国家级裁判专家10人。学校是第46届世校赛"云计算项目"中国集训基地、世界技能组织授权全球首家国际培训中心。学校参与世校赛信息网络布线赛项标准的制定，向世界输出国际化专业"金标准"，在世界范围内的20余个国家（地区）得到推广。学校教师指导选手获世界职业院校技能大赛1金、2优胜，世界技能大赛2金、2银，金砖国家职业技能大赛特等奖1项、二等奖2项，获得中华人民共和国职业技能大赛、全国职业院校技能大赛、中国国际"互联网＋"大学生创新创业大赛等标志性竞赛34项，省部级技能竞赛获奖269项，培育"双创"项目获国家级奖项11项。2021年，中国高等教育学会发布全国普通高校大学生竞赛排行榜（高职），天津电子信息职业技术学院位列全国第九，取得历史性突破。

天津现代职业技术学院的22名学生参加了2022年全国职业院校技能大赛8个赛项的比赛，其中10名学生获得3个赛项的二等奖，8名学生获得3个赛项的三等奖。111名师生参加了2021年天津市职业院校技能大赛，其中7名教师在5个赛项中共获得一等奖2个，二等奖1个，三等奖4个；60名学生在22个赛项中共获得一等奖10个，二等奖30个，三等奖20个。学院在天津市委教育工委、天津市教育委员会主办的2021年大学生电商直播就业创业大赛中获一等奖1项、二等奖2项。学院的3名学生参加了世界职业院校技能大赛，其中2名学生荣获无人机维修与应用赛项金牌。

第五章

国际化与鲁班工坊

天津市积极推动职业教育国际化，率先在国外建设鲁班工坊，为"一带一路"相关国家培养本土化技术技能人才。鲁班工坊是在教育部指导下、天津市原创并率先主导推动实施的职业教育国际品牌，自2016年3月全球第一家鲁班工坊在泰国建成并运行以来，天津市已在22个国家建成23个鲁班工坊，形成贯通中、高、本、硕的国际技术技能人才培养系统，超过3 000人在合作国家接受学历教育，超过10 000人参加培训，11个国际化专业教学标准纳入合作国国民教育体系。

◆ 成功举办世界职业技术教育发展大会，来自全球123个国家和地区的有关国际组织、政府机构、行业企业、科研机构和院校的700多名代表通过线上或线下方式参加了大会，形成"会、盟、赛、展"的职业教育国际交流合作崭新平台和范式。

◆ 截至2023年底，天津市已在亚非欧三大洲22个国家建成23个鲁班工坊。

◆ 鲁班工坊在合作国院校开设了涵盖第一产业、第二产业、第三产业的近50个专业，合作开展的学历教育覆盖中职、高职、应用本科三个层次。

◆ 天津市全力推进天津城市建设管理职业技术学院与塔吉克斯坦技术大学合作建设的塔吉克斯坦鲁班工坊、天津市职业大学与东哈萨克斯坦技术大学合作建设的哈萨克斯坦鲁班工坊、天津海运职业学院与塔什干国立交通大学合作建设的乌兹别克斯坦鲁班工坊。

鲁班工坊是中国职业教育国际化发展的重大创新，2022年8月，世界职业技术教育发展大会在天津举行，期间全国首批25个鲁班工坊运营项目正式揭牌，标志着鲁班工坊正式由地方项目成为国家品牌。

第一节　创建职业教育国际交流合作新平台

一、成功举办世界职业技术教育发展大会

世界职业技术教育发展大会 (以下简称 "发展大会") 是我国政府首次发起并主办的国际性职业教育大会，由教育部、联合国教科文组织全国委员会和天津市人民政府联合举办，发展大会受到国际社会的高度重视。举办发展大会是全球发展高层对话会成果清单的重要内容。发展大会于 2022 年 8 月 19—20 日在天津召开，以 "后疫情时代职业技术教育发展：新变化、新方式、新技能" 为主题，来自 123 个国家和地区的 196 名国际代表和 500 余名国内代表，以线上线下相结合的方式参加会议。国外共有 25 位部长级官员、17 个国际组织负责人 (代表)，以及 11 位驻华大使出席发展大会。工业和信息化部、农业农村部、税务总局、国资委、乡村振兴局等部门负责人，黑龙江、山东、广西等省 (区) 政府负责人，8 位两院院士，中国银行、中车集团、格力公司、东软集团董事长等知名企业家，国内外专家学者，行业组织、高等院校、研究机构代表、各省 (区、市) 教育部门负责同志齐聚天津，共襄盛会。发展大会包含开幕式、主论坛、14 场平行论坛和闭幕式，并同期举办了世界职业院校技能大赛、世界职业教育产教融合博览会。发展大会期间，与有关国家开展了双边会谈，提出了筹建世界职业技术教育发展联盟和创设国际职业教育大奖的倡议，发布了《中国职业教育发展白皮书》和发展大会共识性文件《天津倡议》，形成了职业教育国际交流合作崭新平台和范式。①

---

① 陈子季 . 富有新意、特色明显、影响深远——世界职业技术教育发展大会综述 [J]. 中国职业技术教育，2022(8).

2022 年 8 月 19 日，时任中共中央政治局委员、国务院副总理孙春兰宣读习近平主席贺信并发表视频致辞。习近平指出，职业教育与经济社会发展紧密相连，对促进就业创业、助力经济社会发展、增进人民福祉具有重要意义。中国积极推动职业教育高质量发展，支持中外职业教育交流合作。中方愿同世界各国一道，加强互学互鉴、共建共享，携手落实全球发展倡议，为加快落实联合国 2030 年可持续发展议程贡献力量。

发展大会发布《中国职业教育发展报告 (2012—2022 年)》，向世界介绍中国职业教育发展经验，提出中国方案，贡献中国智慧；紧密对接新产业、新技术、新业态发展，建立和完善职业院校大赛标准规则体系。通过项目的实施、平台的搭建、活动的组织，有效发挥发展大会在国际职业教育领域的示范作用。《中国职业教育发展报告 (2012—2022 年)》向全球宣示：擦亮"鲁班工坊"中国名片。中国将坚持平等合作、优质优先、强能重技、产教融合、因地制宜的原则，坚持"鲁班工坊"品牌核心要义，坚持共研、共建、共享、共用、共赢，不断优化和完善鲁班工坊全球布局；继续鼓励有条件的职业院校在海外建设鲁班工坊，推动中国本土化、具国际化视野的工程实践创新项目 (EPIP) 更广泛的应用，发挥已建成的泰国、葡萄牙、埃塞俄比亚等国 EPIP 教学研究中心的作用，给更多境外合作伙伴带去先进的教学模式、优质的教学装备。

发展大会发布《天津倡议》。《天津倡议》呼吁各国政府加大对职业教育的支持和投入力度，提高劳动者的收入水平和社会地位，树立职业荣誉感，增强社会认同感，鼓励用双手创造美好生活。《天津倡议》指出，职业教育是创造价值的教育，可帮助人们获得技术技能，增强创新意识和能力，积极应对环境变化，是以能力为本位，需求为导向，贯穿人的一生的教育，是提升产业效能、促进持久包容和可持续经济增长的重要力量，是促进充分和生产性就业，增进人民福祉、创造美好生活的重要途径。《天津倡议》秉持公平全纳、有教无类、面向人人、质量优先的理念，为各类群体提供适宜的职业教育和培训，注重培养诚信敬业、精益求精、追求卓越、勇于创新的职业精神，注重培养可持续、可迁移的发展能力，促进人的全面可持续发展。《天津倡议》强调，职业教育要适应后疫情时代的特点和数字化变革需要，与终身教育相结合，与产业链条相契合，与经济社会高质量发展相融合；要进一步扩大高质量的技能人才供给，促进人才培养模式、评价方式、组织形式变革，提高职业教育适应性；要加快数字化转型，强化数字技能、绿色技能培养。各国政府应加大对职业教育的支持和投入力度，提高劳动者的收入水平和社会地位，树立职业荣誉感、增强社会认同感，鼓励用双手创造美好生活；创设国际职教大奖，让职业精神得到弘扬，让职业教育得到尊重，让职业教育创造的价值得到奖励。《天津倡议》呼吁，各国政府、国际组织、行业组织、企业界和教育界应携起手来，加强互学互鉴和务实合作，组建世界职业技术教育发展联盟，构建全面、紧密、务实、包容的高质量伙伴关系，为实现联合国 2030 年可持续发展目标、构建人类命运共同体做出更大贡献。

发展大会设立主论坛和 14 个平行论坛，来自 18 个国家的教育部部长或驻华大使、国际组织、行业组织、知名企业和职业院校代表在大会发表演讲；来自各国的 250 多名知名专家、学者围绕"数字赋能、转型升级""绿色技能、持续发展""命运与共、合作共赢""普职协调、终身学习""技能减贫、促进公平""产教融合、创新发展""科学教育、工程教育"等议题发表演讲，分享经验与做法，指出面向未来的职业教育发展方向。

与同类国际性职业教育会议相比，发展大会强调教育与产业的融合发展，除了设置"绿色技能""校企合作""前沿技术成果"等相关议题，广泛邀请行业和企业界代表参会，还以"产教融合"为主题举办大型云博览会，推动全球职教界和产业界深度合作、共同发展。

14 场平行论坛共同探讨新形势下全球职教发展方向

2022 年 8 月，世界职业技术教育发展大会举办 14 场平行论坛，中外专家围绕"数字赋能、转型升级""绿色技术、持续发展""命运与共、合作共赢""普职协调，终身学习""技能减贫、促进公平""产教融合、创新发展""科学教育、工程教育"等热点议题，分享各国职业教育发展经验和成果，研讨后疫情时代对职业教育理念、方式、内容等方面的影响，共同探讨新形势下全球职业教育改革与发展的方向和主要任务。

1. 以数字赋能职业教育发展

"数字化转型是高质量发展的新机遇、新动力。"浙江省教育厅职业教育与成人教育处陈达应邀参加由中国职业技术教育学会、中国电子学会协办，天津电子信息职业技术学院承办的"职业教育数字化转型发展论坛"，与国内外专家围绕"数字化时代高职院校人才培养模式转型、职业教育数字化转型与智能制造、数字经济与职业教育"等内容展开深度交流。陈达表示，将以整省试点工作为契机，按照教育部和省委省政府要求，将职业教育数字化改革服务于提质培优，服务于职业教育高质量发展。

科大讯飞股份有限公司联合创始人、安徽信息工程学院董事长陈涛表示，科大讯飞将结合人工智能技术的特点，探索如何为各行、各业、各人赋能，通过"AI+""项目+"双轮驱动的方式，助力中国职业教育，培养能够适应时代变化和满足社会需求的数字技能人才。华为全球技术服务领军人物钟美华认为，随着数字化转型而进入数字生态环境，为了在生态中构建或重构价值创造结构、组织，就需要明智地选择合作伙伴，打破组织边界，提高无边界协作，并更加关注组织内部能力建设，以及能力外溢和生态影响力。

2. 职业教育与新技术产业"零距离"最好

"职业教育与融入新技术产业的距离越小越好，最好是零距离。"南京工业职业技术大学党委书记、研究员吴学敏在"职业教育校企协同育人模式创新平行论坛"中提出这一观点。吴学敏认为，职业教育一定要紧跟产业转型升级步伐，随着企业、岗位、技术的变化而变化。职业教育人才培养的逻辑起点来自岗位的要求。办好职业教育，要把行业的要求纳入人才培养方案。"职业教育改革要超前、要提前，产教融合、校企合作的融入度与深度要更加紧密。职业教育肩负着推动产业转型升级的责任，培养的人才要能够真正为现代企业服务。"吴学敏说。

3. 构建"数字技术＋"职业教育教师培养体系

"数字化时代，职业教育必须将培养学生的数字素养作为核心目标，培养职业教育教师的数字素养，将成为职业教育教师教育的新趋势。"中国科学院院士黄维在"全球职业教育青年教师发展论坛"上阐述了以数字技术为职业教育教师发展赋能的观点。近年来，随着中国职业教育事业的快速发展，职业教育青年教师队伍在职业教育改革和发展中的地位举足轻重。黄维认为，职业教育领域应加强体系构建，完善人才培养方案，构建"数字技术＋教师教育"的职业教育教师培养体系；强化校园数字基础设施建设，打造师生、生生互动的云端数字化学习平台，建设融线上线下教学为一体的智慧教室和实训基地；依托国家职业教育智慧教育平台和国家高等教育智慧教育平台，推动资源共享，发挥资源效益。

天津职业技术师范大学党委书记张金刚表示，在新技术、新业态、新模式的发展背景下，技术技能人才不仅要具备专业知识和技能，更需要具有持续学习能力、团队协作能力和创新能力，这对职业教育教师教育创新发展提出了新要求和新挑战。职业教育教师教育创新发展需要与时俱进，并建立完善的标准体系。

4. 技术与技能融合，打造工匠型人才

在教育部、中国联合国教科文组织全国委员会、天津市人民政府共同主办，天津职业技术师范大学承办的"职业院校工程教育发展论坛"上，国内外工程教育产学研领域近百位学者、专家围绕"职业教育中工程教育发展现状与挑战""职业院校大国工匠、能工巧匠和高技能人才培养目标"等主题分享国内外前沿动态与经验，探讨职业院校学生应用、实践和创新能力的发展路径，推动职业教育改革，优化人才培养模式，为社会经济发展提供人才保障。

中国工程院院士丁荣军提出，为了填补中国制造业技术人才缺口，建议加快推进新《职业教育法》的落地，加快推进本科层次的职业教育，推动技术教育与技能教育的融合，打造工匠型人才。"对于工程教育改革，不仅需要教授学生基础理论、通用能力，还要强化学生的工程教育思维，培养学习主动性。"日本国立筑波大学教授金子元久在论坛上就如何顺应时代需求培养职业技术技能人才阐述了自己的观点。

5. 鲁班工坊与世界分享职业教育"中国经验"

"鲁班工坊是天津原创并率先实践的中外人文交流品牌项目，是国家现代职业教育改革创新示范区的标志性成果，是职业教育国际化发展的重大创新，已成为促进国际人文交流和民心相通的重要载体。"鲁班工坊建设联盟理事长刘斌在"'一带一路'合作与鲁班工坊建设发展论坛"上与来自世界各国的嘉宾、与会代表分享了鲁班工坊的发展理念与模式。

据悉，鲁班工坊建设联盟自成立以来，始终坚持民间属性，引领全国职业院校以"天津实践"为参考开展多元化办学，共同打造中国职业教育"走出去"国家品牌；建立了鲁班工坊建设项目档案管理体系，形成三类项目从立项、建设、认证、验收的全部基础资料档案，并做好过程管理和质量监管工作；制订联盟纳新工作方案，按程序接纳更多有意愿参与鲁班工坊建设的单位加入联盟，共同推动全范围的鲁班工坊高

质量建设。"接下来，我们计划将联盟成员单位扩充到 100 家左右。"刘斌说。

"受过良好教育的人口数量是一个国家全球竞争力的主要体现，职业教育已经成为促进世界主要国家社会经济发展的重要推动力……"塔吉克斯坦共和国工业与新技术部副部长索勒赫佐达·乌迈德在"服务'一带一路'的中国职教国际合作专题研讨会"上阐述了自己的观点。他认为，借鉴中国职业教育的发展经验，学习鲁班工坊 EPIP 模式，大力推动改革其国内职业技术教育培训的结构和战略，根据企业的要求培养专家，加强科学与生产的联系，为学生创建工作培训场所，可以通过虚拟仿真设备，让学生适应不同的工作环境。

（摘自：《天津教育报》，2022-08-20.）

二、形成"会、盟、赛、展"国际交流合作新范式

发展大会期间，同期举办世界职业院校技能大赛、世界职业教育产教融合博览会，发布筹建世界职业技术教育发展联盟的倡议，形成"会、盟、赛、展"的职业教育国际交流合作崭新平台和范式。

世界职业教育产教融合博览会以"大力发展适应新技术和产业变革需要的职业教育"为主题，由中国职业技术教育学会牵头组织，以线上为主、线上线下结合的形式举办，重点展示职业教育应对数字化变革、产教科融合发展的成效，以及职业教育高质量发展成就等。

线上展览以"云展馆""云场景""云视界""云服务""云学会""云学校""云风采""云互动"的"八朵云"方式呈现，展示新技术应用场景，展示数字化转型整体驱动生产方式、生活方式、治理方式变革成果，展示职业教育应对数字化变革、产教科融合发展的成效。共有百余家头部企业、200 余家职业学校、20 余个省（区、市）的政府部门参加线上博览会。在线上博览中，306 家单位通过云平台展示了各国、各行业职

业教育与经济产业融合发展的新成果、新方法，吸引超过 2 000 万人次"云上逛展"。

线下博览会分为线下微展、天津市展区、鲁班工坊展厅三个区域。

博览会有三大特点：一是聚焦新兴技术，瞄准技术变革和产业优化升级。聚焦人工智能、量子信息、集成电路等新技术，展示 5G、大数据、云计算等技术的创新应用。二是搭建数字平台，着力推动职业教育高质量发展。汇聚百余家企业、机构与 200 余家学校、单位，推动职业教育适用新技术，促进产教融合成果推介，实现高质量发展。三是展示成果风采，致力重塑职业教育发展良好生态。讲述上千名现场工程师、大国工匠、新产业工人、专业技术人才、黄大年式教师团队、职业学校优秀教师、职业学校学生的事迹，营造良好生态。

◉ 链接

这条路前景广阔——来自世界职业技术教育发展大会的观察

2022 年 8 月 19 日至 20 日，由我国政府首次发起并主办的世界职业技术教育发展大会在天津举办，120 多个国家和地区的代表注册参会。

党的十八大以来，在习近平总书记的关心、关怀下，我国职业教育被摆在经济社会发展全局中更加突出的战略位置，不仅规模居世界首位，而且实现了从规模扩张发展到高质量内涵发展的重要转变。

近十年来，我国职业教育面貌发生了哪些历史性、格局性变化？此次大会提供了重要的观察窗口，记者走进大会寻找答案。

打破学历衔接"天花板"，现代职业教育"香起来"

重重叠叠的迷宫里，机器人快速穿梭，短短几秒就成功地走出。这是发展大会中世界职业院校技能大赛展示赛的精彩一幕。

"三百六十行，行行出状元。进入职业院校，也可以有出彩机会。"操控机器人的于欣令一脸笑意。他刚从天津渤海职业技术学院毕业，即将保送进入本科院校深造。

"这得益于天津建立起完善的'中高本硕博'职业教育培养体系。"天津渤海职业技术学院机电工程学院副院长吉红说，她所在学院每年都有几十名学生升入本科。

大赛上，天津轻工职业技术学院毕业生刘华庚参与设计、搭建的风光互补项目表现同样抢眼。2022年9月，他将进入天津中德应用技术大学学习，与他同宿舍的4位同学也都顺利升本。

"观念变了，职业教育正逐渐'香起来'。"天津轻工职业技术学院副院长李云梅说。

来自大会主办方的信息显示：2022年，全国职业本科专业点数备案936个，其中四年制专业备案点数比2021年增加了44%。中职、高职专科、职业本科一体化的职业学校体系基本建成。

打破止步专科的学历"天花板"，只是我国职业教育历史性、格局性变化的一个侧面。

大会上，"重视程度前所未有"被与会职业院校负责人频频提及。

从《国家职业教育改革实施方案》启动"中国特色高水平高职学校和专业建设计划"到《关于推动现代职业教育高质量发展的意见》等为职业教育发展指明路径，再到新修订的《职业教育法》明确"职业教育是与普通教育具有同等重要地位的教育类型"，近年来密集出台的法律制度和政策举措，有力促进了我国职业教育从规模发展到高质量内涵发展的重要转变。

截至目前，我国现有职业院校超过1万所，设置1 300余种专业和12万多个专业点，近10年来累计培养并输送6 100万高素质劳动者和技术技能人才。

教育部部长怀进鹏表示，我国职业教育在有效支撑国家经济社会高质量发展、不断满足人民群众对美好生活的追求、持续畅通学生多样化成长成才的渠道、积极服务构建全面开放新格局方面取得了历史性成就。

这一点也得到与会外国嘉宾"点赞"。

"中国职业教育发展迅猛，积累了诸多可供借鉴的宝贵经验。"联合国儿童基金会教育和青少年发展全球负责人罗伯特·詹金斯说。

打造产教融合"立交桥"，技术技能人才"强起来"

走进大会展区，天津市职业大学机械工程实训中心主任李建国正在讲解一套叶片振动、间隙测量系统。

"长期以来，转子叶片加工动平衡是精密加工中的一道难题。"李建国解释，一旦处理不好，高速运转中可能发生事故。

这套装置是在产教融合引领下，天津市职业大学与企业联合攻关的成果，应用于我国航空发动机、燃气轮机等重要装备上。参与研发的学生们就业十分抢手。

离李建国所在展台不远处，一台填补空白的手表机芯零件高速精密级进冲模为"国货之光"海鸥表插上了"翅膀"。

天津轻工职业技术学院教师周京说，学院与天津海鸥表业集团有限公司等企业合作成立了"中国轻工业精密模具工程技术研究中心"，共研手表机芯零件高速精密级系列级进模具项目35项，为企业创造经济价值2 000余万元。

作为大会重要组成部分，世界职业教育产教融合博览会吸引着职教人的目光。参加博览会的浙江机电职业技术学院校长贺星岳说："职业院校要通过产教融合，增强专业设置上的前瞻性。"

与浪潮集团合作共建浪潮产业学院、与京东教育共建跨境电商产业学院、与飞腾信息技术有限公司校企深度融合……展区内，一个个校企合作的鲜活案例体现着产教融合的丰硕成果。

目前，全国组建了1 500多个职业教育集团(联盟)，涵盖了包括企业、学校、行业、科研机构在内的4.5万余家成员单位，形成了资源共享、责任共担、合作发展的具有中国特色的职业教育办学模式。

"我们成立中车高铁工匠学院，让企业技术人才、技能大师进校园，让企业培训技术、培训课程进课堂。"中国中车集团有限公司董事长孙永才介绍道。

供需适配，离不开专业设置优化、课程不断迭代。2021 年，新版职业教育专业目录发布，首次一体化设计中职、高职专科、高职本科专业体系，更新幅度超过 60%。

10 年来，职业教育对接重点产业，强化工学结合，更加注重实训，推广模块化教学，广泛采用学徒制培养、订单制培养，职业学校毕业生年终就业率总体保持在 95% 以上。

"学校围绕战略性新兴产业等优化专业布局，就业率始终保持在98% 以上，每年有 16% 的毕业生入职 500 强企业。"深圳职业技术学院党委书记杨欣斌说。

打开国际合作"出海口"，中国职教名片"亮起来"

在发展大会鲁班工坊建设·成果展现场，来自泰国的黄可莹操纵机械臂，轻巧地抓起一把鲁班锁。

黄可莹于 2013 年从泰国到天津深造，毕业后加入天津渤海职业技术学院，深度参与了首个鲁班工坊在泰国的筹建。

发展大会现场的屏幕上，清晰地展示了鲁班工坊的发展脉络。

2015 年，教育部与天津市签署协议，共建国家现代职业教育改革创新示范区，其中任务之一便是创建职业教育国际化新窗口。天津原创并率先实践，鲁班工坊由此起航。

参与泰国鲁班工坊建设的天津渤海职业技术学院院长于兰平这样阐释鲁班工坊内核："带去的不仅有先进的专业教学标准、教学装备，还有先进的教育理念、教育模式，为合作国家培养急需的技术技能人才和能工巧匠。"

继英国后，葡萄牙于 2018 年底成为天津在欧洲第二家鲁班工坊的签约落地国。这一由天津机电职业技术学院和塞图巴尔理工学院建立的鲁班工坊已显现出深远影响。

"鲁班工坊人才培养标准和专业建设质量被合作国广泛认可。"天津机电职业技术学院校长张维津介绍说。

目前,鲁班工坊有 11 个国际化专业教学标准获得合作国教育部认证,开设了工业机器人、新能源、动车组检修等 49 个专业,合作的学历教育包括中职、高职、应用本科、研究生四个层次。

"天津职业技术师范大学在埃塞俄比亚开设的鲁班工坊,帮助学生满足全球新兴市场技能要求。"埃塞俄比亚劳动与技能部部长穆费里亚特·卡米勒·艾哈迈德对鲁班工坊表达了赞赏。

在天津职业技术师范大学党委书记张金刚看来,鲁班工坊承担重要使命,面向非洲国家培养高端技术技能人才,为东非国家培养高水平职教师资。

多位与会外国嘉宾认为,鲁班工坊正为世界职业教育发展贡献中国智慧和中国力量。

"鲁班工坊是两国合作的典范,在人工智能、网络安全以及智能技术等方面,巴基斯坦都有可以向中国学习的地方。我们需要大量技能人才实现巴基斯坦的工业化,希望有更多合作。"巴基斯坦驻华使馆教育专员阿菲法·沙吉娅说。

透过发展大会,中国职业教育以实践作答:职业教育前景广阔、大有可为。

(摘自:新华社网站,2022-08-22,记者刘元旭、邵香云、白佳丽、张建新、刘惟真)

第二节 打造"一带一路"相关国家的技术驿站

2016 年 3 月 8 日,天津渤海职业技术学院在泰国建成第一个鲁班工坊。2017 年 5 月 18 日,天津市经济贸易学校在英国建成欧洲第一个鲁班工坊。2019 年 3 月 28 日,天津铁道职业技术学院和天津市第一商业学校在吉布提建成非洲首家鲁班工坊。截至 2023 年底，天津市已先后在泰国、英国、印度、印度尼西亚、巴基斯坦、柬埔寨、葡萄牙、吉布提、肯尼亚、南非、马里、尼日利亚、埃及、科特迪瓦、乌干达、马达加斯加、埃塞俄比亚、保加利亚、摩洛哥、塔吉克斯坦等亚非欧三大洲的 22 个国家建成 23 个鲁班工坊。鲁班工坊在海外建立起从中等职业教育到高等职业教育再到应用本科、专业硕士，从技术技能培养到技术综合应用，从学历教育到社会培训全覆盖的职业教育输出体系。

鲁班工坊品牌效应与重大价值不断彰显。2018 年 9 月 3 日，在中非合作论坛北京峰会上，习近平主席宣布要在非洲设立 10 个鲁班工坊，向非洲青年提供职业技能培训。2018 年 12 月 5 日，习近平主席出访葡萄牙期间，亲自见证葡萄牙鲁班工坊签约。2019 年 4 月 25 日，习近平主席会见埃及总统塞西，提出中方将在埃及设立鲁班工坊。2020 年，天津市全面完成包括埃及鲁班工坊在内的 10 个鲁班工坊建设任务。2021 年 4 月 12 日，时任国务院副总理孙春兰在全国职业教育大会上对天津市在亚非欧三大洲建成 17 家鲁班工坊给予高度肯定。2021 年 5 月 12 日，国务委员、外交部长王毅主持召开"中国＋中亚五国"外长第二次会晤，提出帮助五国建设 5 所鲁班工坊。2021 年 9 月，习近平主席在上海合作组织成员国元首理事会上提出，未来三年将在上海合作组织国家建成 10 个鲁班工坊。当年 11 月，习近平主席在中非合作论坛第八届部长级会议上提出，中国将继续同非洲国家合作设立鲁班工坊。从此，鲁班工坊开启了以"聚焦中亚，继推非洲"为特征的发展新征程。2022 年 12 月，习近平主席在利雅得举行的首届中国－阿拉伯国家峰会上提出，推动在阿国建设更多鲁班工坊。2023 年 5 月，习近平主席在陕西西安举行的中国－中亚峰会主旨讲话中提出，在中亚国家设立更多鲁班工坊。①

---

① 吕景泉，戴裕崴，李力，张磊.鲁班工坊——中国职业教育国际化的创新实践 [J]，中国职业技术教育，2023(25).

鲁班工坊，是以工程实践创新项目为教学模式，以天津市职业学校主导开发的国际化专业教学标准为基本依据，以全国职业院校技能大赛及行业企业竞赛的优质赛项装备为主要载体，以中外合作学校师资培养培训及教材教学资源开发为必要保障，在境外创建的实施学历教育和技术培训的实体化合作机构。[①] 天津市职业学校基于职业教育示范区建设，以泰国、英国、印度、柬埔寨、葡萄牙鲁班工坊为实践标志和质量标准，创成鲁班工坊品牌；以吉布提、肯尼亚、南非、埃及、埃塞俄比亚鲁班工坊为项目标杆，完成非洲鲁班工坊国家任务。从鲁班工坊在天津市研发和推广，到全国建设联盟和国际发展研究中心成立，再到世界职业技术教育发展大会在天津市成功举办，这一过程勾画出鲁班工坊源自天津、成在中国、功予世界的发展历程。[②]

鲁班工坊的建设坚持平等合作、优质优先、强能重技、产教融合、因地制宜建设原则，遴选了大城技术学院、奇切斯特学院、塞图巴尔理工学院、艾因夏姆斯大学、阿布贾大学、德班理工学院、埃塞俄比亚技术大学等一批优秀合作院校，联动了中土、华为、用友、骁腾等一批优质合作企业，对接了中泰高铁通运、中国－澜湄五国合作、中巴经济走廊、金砖投资项目、欧洲工业再造、亚吉铁道运营、中企工业园等重大项目。鲁班工坊输出设备 5 800 余台 (套)，配置实训工位 1 600 余个，培养当地学生 5 890 余人，技术培训 13 400 余人，惠及中外企业 1 300 余家。

◉ **链接**

小而美、见效快、惠民生，鲁班工坊："一带一路"上的技术驿站

39 岁的埃塞俄比亚工程师梅布拉图·德莱格恩·恩达莱莫和几十位

---

① 吕景泉. 鲁班工坊——中国职业教育国际知名品牌 [J]. 天津职业院校联合学报，2019(1)：3-10.

② 吕景泉，李力. 模式创立、标准研制、资源开发、师资培养——鲁班工坊的创新实践 [J]. 职业技术教育，2022(10)：2-9.

同事跨越万里，来到中国的天津铁道职业技术学院，学习如何更好地运营和维护电气化铁路。

他们都是来自亚吉铁路的高层管理人员。2018年，中国企业在非洲建成了横贯东非高原的第一条跨国电气化铁路。有了它，埃塞俄比亚的咖啡豆乘上飞驰的列车，从东非腹地直抵非洲最东端的吉布提港口，销往世界各地。

"中国铁路修到哪里，铁路技术技能人才培养就跟到哪里。"伴随着铁路建设，天津铁道职业技术学院建起了非洲第一家鲁班工坊——吉布提鲁班工坊。此外，泰国鲁班工坊和尼日利亚鲁班工坊也为当地培养出一批铁路运营所需的本土化技术技能人才。

过去几年间，一个个鲁班工坊嵌在中国与世界同向而行的足印上。如今，围绕共建"一带一路"和中非、中亚五国、上合组织、东盟、阿盟、金砖国家等多双边合作机制，在亚非欧三大洲建设的鲁班工坊陆续落地生根。

这些小而美、见效快、惠民生的"技术驿站"，让中国优质的职业教育资源与先进的产品、技术和装备一同走出国门，也牵系着"一带一路"共建国家在技术、人才和文化交流中的互通互融、民心相连。

天津市教委职教处处长李力认为，鲁班工坊作为中国职教出海的成功实践，开创了以高水平教育对外开放，推动构建人类命运共同体新范式。

创新模式培养国际化技术人才

鲁班工坊是从天津发起并率先实践的。作为国家现代职业教育改革创新示范区和新时代职业教育创新发展标杆，天津从2016年起先后在"一带一路"共建国家建设了20多个鲁班工坊，并不断探索和创新国际合作与交流的新模式。

泰国鲁班工坊是第一所鲁班工坊，由天津渤海职业技术学院和泰国大城技术学院合作创建。在落成典礼上，从四面八方赶来的人把现场挤得满满当当，不少家长带着孩子来到现场。此后几年，紧密契合中泰两国合作需求，这里的国际合作专业数量由 1 个扩展到 6 个，且全部获得泰国教育部认证，被纳入该国国民教育体系。

2022 年世界职业技术教育发展大会期间，泰国大城技术学院院长玛悠丽来到中国，带来了泰国鲁班工坊亮眼的"成绩单"：累计培养和培训师生近万名，不少学生荣获该国多项职教大赛冠军等荣誉；很多毕业生已经在当地的中资企业工作，还有的在本土企业就职，"受到企业单位的称赞"。

吉布提鲁班工坊填补了该国没有高等职业教育的空白，为非洲青年技术技能人才的培养提供了可借鉴、可复制的成功范例。紧密的校企合作是吉布提鲁班工坊高效运营的"秘诀"。为了充分满足教学实习、技能实训、岗前培训等需求，天津铁道职业技术学院直接把鲁班工坊的坊外实训基地建在了亚吉铁路那嘎得车站和阿布贾城轨车辆段，真正实现课程内容与职业标准对接、教学过程与生产过程对接。

据不完全统计，在各国鲁班工坊建设过程中，中外合作开发了 50 多个国际合作专业，累计为合作国培养学历学生 9 000 余名，形成了从中职到高职、应用本科和研究生层次的国际职业教育体系；面向合作国开展各级各类培训 1.8 万多人次，培养了大量熟悉中国技术、了解中国工艺、认知中国产品的技术技能人才。

柬埔寨鲁班工坊建在"澜湄合作协议"的足迹上，巴基斯坦鲁班工坊选址于"中巴经济走廊"的纵向交合点……天津市教委相关负责人介绍，鲁班工坊创新了 3 种建设模式，分别依托校际合作项目、校企合作项目及政府间合作项目，"共同之处是因地制宜地给当地人民带来看得见、摸得着的成果和实惠"。

中国职教方案，分享给世界的"礼物"

5 年前，葡萄牙塞图巴尔理工学院自动化专业教授卢卡斯在天津机电职业技术学院参观时惊叹："这里的实训设备比我们在教学中使用的都要先进。"

在两校共建的葡萄牙鲁班工坊，比先进设备更吸引葡方的是中国带来的教学模式——工程实践创新项目 (EPIP)。这是鲁班工坊人才培养的一大特点，以实际工程项目为导引，以实践应用为导向，培养学生的科学探究能力和问题解决能力。这种源自中国本土化教育教学实践的人才培养模式，可以大大缩短毕业生进入企业的磨合期。卢卡斯评价，EPIP 模式具有很强的实用性、创新性和创意性，非常接近企业用人需求。

为了使 EPIP 模式更"接地气"，符合当地人才培养需要，天津机电职业技术学院还与葡方专家共同开发国际化专业教学标准，制定了"工程实践创新项目教程"等 5 个课程标准。

当地学生迪亚哥很怀念在鲁班工坊实习的日子，"能够了解各种设备的工作原理，创造性地解决生产实际中的各种问题，很有意思"。鲁班工坊培养的学生非常受欢迎，企业甚至开始向还没毕业的学生提前抛出"橄榄枝"，葡方企业还主动与鲁班工坊开展技术开发、项目研究等深度合作。葡萄牙鲁班工坊的建设，也标志着中国特色职业教育的标准体系走进西方发达国家，迈上新高度。

鲁班工坊通过不断创新，开发出 100 余个国际化标准，开展了近千余人次的海外教师研修项目。职业教育的中国标准、中国装备、中国方案也逐步进入合作国的国家学历教育体系，成为中国分享给世界的"礼物"。

泰国成立了工程实践创新项目教学研究中心，推广中国职业教育教学模式。鲁班工坊人才培养标准和专业建设质量获得广泛认同，目前已有 10 多个国际化专业教学标准获得合作国教育部认证，被纳入其国民教育体系。中餐烹饪国际化教学标准经过英国 Qualifi 核准颁证，被纳入英国普通和职业学历框架体系。吉布提总统盖莱表示，"鲁班工坊是中国送给吉布提最好的礼物"。

实现"五业联动"，推动优质产能"走出去"

在柬埔寨，由天津中德应用技术大学承建的澜湄职业教育培训中心是亚洲最大的鲁班工坊。尽管建在柬埔寨，但其为更广泛的澜湄国家乃至东盟十国提供技术和人才培训的支持。

天津中德应用技术大学通信专业专家刘赟宇于 2016 年接到建设柬埔寨鲁班工坊通信专业实训中心的任务。"我们使用了世界领先水平的、具有我国自主知识产权的第四代移动通信国际标准 TD-LTE，在培训中心建成了 5 个可运营级别的 TD-LTE 移动通信实验室。"刘赟宇说，使用的技术和设备都是当时最先进的。在鲁班工坊用新建成的移动通信实验系统，中柬师生拨通了柬埔寨第一个 4G 视频电话，实现了校园内的移动通信网络覆盖。

与清一色中国先进制造装备一同引入的，还有中国职业教育的实训教材、教学管理理念和技术等级标准。依托柬埔寨鲁班工坊开展的澜湄国家师资培训，吸引了来自泰国、缅甸、越南等国的职业教育教师，他们对中国的通信、自动化和机械等技术与相关理念非常感兴趣。

泰国鲁班工坊与天津企业骥腾科技合作研发的"高铁标准动车组制动仿真实训系统"成为泰国轨道交通职业技能大赛的指定装备；英国鲁班工坊在英国建立了中国食品展示窗，为天津食品集团的产品出口提供了平台；印度鲁班工坊为在印中资企业提供装备制造与新能源领域的订单式人才培训……

李力认为，鲁班工坊真正让产业、行业、企业、职业、专业实现"五业联动"，教随产出、校企同行，持续为"走出去"的中国企业在海外发展培养、培训优秀技术技能人才，同时也带动了中国企业和优质产能"走出去"。

跨越山海、文化相融、民心相通

2018 年 9 月，习近平主席在中非合作论坛北京峰会上提出在非洲设立 10 个鲁班工坊，向非洲青年提供职业技能培训。此后几年里，即使遭遇新冠疫情，一个个鲁班工坊依然如期"腾云出海"，冲破疫情的阴霾，让中国与世界守望相助、携手并进。

依托埃及鲁班工坊，天津轻工职业技术学院牵头建立了非洲职业教育研究中心，服务中非职业教育合作，开展未来非洲课题研究工作。埃及技术教育部副部长穆罕默德·穆贾希德表示，中国职教方案对打造埃及职教体系起到了示范与推动作用。2023 年，埃及驻华大使哈奈菲一行专门访问天津轻工职业技术学院，参观并考察了设在校园里的鲁班工坊建设体验馆。

如今，越来越多的鲁班工坊正跨越山海，在世界各地开枝散叶，在技术技能共享的同时，也向世界讲述中国发展的故事。

刘赞宇记得，有一次带两位到北京接受企业实践培训的柬埔寨教师去天安门广场看升国旗，当时柬埔寨教师很激动，郑重地面向五星红旗敬礼，刘赞宇相信，"这是彼此文化认同的一种具体表现"。

（摘自：《中国青年报》，2023-10-21，胡春艳 .）

第三节 深化与当地国产业发展的对接

落地各国的鲁班工坊持续深化与当地国产业发展的对接，截至 2023 年底，已建成的 23 个鲁班工坊结合合作国家产业发展需求，围绕智能科技、装备制造、新能源、新材料、交通运输、汽车工业、中医中药、商贸物流等重点领域，在合作国院校开设了工业机器人技术、增材制造技术、人工智能技术、云计算与信息安全管理、物联网应用技术、无人机技术、电气自动化技术、机电一体化技术、数控技术、新能源汽车技术、光伏发电技术与应用、（高铁）动车组检修技术、（高铁）铁道信号自动控制、（高铁）铁道交通运营与管理、（高铁）铁道工程技术、黑色冶金技术、工程测量技术、城市热能应用技术、跨境电子商务、现代物流管理、中餐烹饪技术、智慧农业等覆盖第一产业、第二产业、第三产业的近 50 个专业，合作举办的学历教育覆盖中职、高职、应用本科三个层次；开展学历教育惠及 3 000 余人，面向中资企业、合作国当地企业及师生的培训规模超过万人，实现了国际产教融合校企合作，为合作国家培养了大量熟悉中国技术、了解中国工艺、认知中国产品的技术技能人才，尤其为蒙内铁路、亚吉铁路、匈塞铁路、中泰铁路、中老铁路等项目培养了一批适用性技术技能人才。

巴基斯坦鲁班工坊于 2022 年 10 月至 11 月开展农业机械培训项目，天津现代职业技术学院协同巴基斯坦木尔坦 MNS 农业大学、中巴涉农企业和中巴两国教育、农业科学研究机构共同推进项目实施。项目通过勇猛机械股份有限公司生产出口到巴基斯坦的玉米收获机及校企共同开发的教学资源，开展线下实训教学与品牌推广工作。巴基斯坦木尔坦 MNS 农业大学副教授莫辛·纳瓦兹博士表示：“鲁班工坊是中国职业教育的国际著名品牌，巴基斯坦鲁班工坊农业机械培训项目使我们认识到了中国农业机械化和智能化的高水准，这次培训我们还了解到天津的农业特色，让我们看到双方院校教育合作的无限前景，同时与天津现代职业技术学院的老师成为好朋友。”天津现代职业技术学院通过“云课堂”对巴基斯坦木尔坦 MNS 农业大学师生、旁遮普省农业机械化研究所高级工程师，以及当地先进农机用户进行培训。参加培训的木尔坦农业大学专业教师 8 人，博士及副教授以上 5 人，硕士 3 人；参训学生全部为本科以上学历。巴基斯坦鲁班工坊农业机械培训项目邀请了众多产教学研单位的知名专家、骨干教师和高级工程师进行授课。天津农业科学院副院长、享受国务院政府特殊津贴的专家孙德岭教授为巴基斯坦木尔坦 MNS 农业大学百余位师生代表讲授了培训第一课《天津农业优势及科研成果》。天津市农业发展服务中心农机技术推广服务部副部长、农业农村部特聘主要农作物生产全程机械推动行动专家指导组成员张宝乾讲授了《玉米生产全程机械化技术与装备》。未来，巴基斯坦鲁班工坊将探索开发1到2种农作物全程机械化职业技能培训方案，为巴基斯坦青年提供国际产教合作模式下的优质职业技能培训，助力中巴涉农企业合作。[①]

天津工业职业学院建设的乌干达鲁班工坊积极服务"一带一路"建设和中非产能合作，不断加强校企合作。鲁班工坊以中乌姆巴莱工业园园区企业为载体，通过调研园区企业人才培训需求，匹配天津工业职业学院能够提供的培训工种及乌干达鲁班工坊专业设置，形成园区非洲员工的培训方案，为园区企业的非洲员工提供技术技能培训，提升非洲青年职业技能，有效支撑职业教育服务"一带一路"能力和合作国家社会经济发展。采取远程教育培训合作的方式，开展国际职业教育服务，为非洲员工提供技术技能培训。2022年1月，利用鲁班工坊专业设备为乌干达天唐集团培训45名非洲员工，其对鲁班工坊的设备和培训满意度达80%以上，有效提升了非洲青年专业技术技能水平。

天津铁道职业技术学院应中国土木吉布提公司和亚吉铁路吉布提标准轨距铁路公司(EDR)之邀，于2022年11月为吉布提鲁班工坊校外实训基地那噶得车站员工举办了一次专门解决现场问题的有针对性的培训。培训前，学院国际交流部与企业进行多次沟通与交流，深入了解企业需求，旨在实现培养标准与用人标准的对接、培养内容与岗位内容的对接。经过遴选，最终由铁道动力学院的李飞、吕娜玺，以及铁道电信学院的鲁志彤、陈艳伶4位教师承担培训任务。4位教师围绕亚吉铁路的具体需求，认真备课、精心组织

---

① 天津启动2022年度巴基斯坦鲁班工坊农业机械培训班.中国新闻网，2022-11-04.

教学，共完成 20 课时的教学任务，效果良好，获得了受训员工的一致好评。培训内容涉及铁路事故案例及分析、机车乘务员一次乘务作业标准、机车检查保养与故障处理、重载列车操纵及非正常行车办法、机车运用、不同类型的车辆检查标准及故障处理、轨道电路分路不良、联锁图表、自动站间闭塞等内容，切实解决了吉布提铁路员工在实际生产中遇到的问题。学院教师结合铁路违章作业造成重大事故相关案例，介绍了长大上坡道及长大下坡道的操作办法等，详细讲解了面对不同线路情况及突发事件的机车操作流程。

第四节　启动中亚三国鲁班工坊建设①

在中亚五国建设 5 所鲁班工坊的提议是外交部长王毅于 2021 年 5 月，在中国 – 中亚外长第二次会晤时提出的。2022 年 2 月，习近平主席会见来华出席北京冬奥会开幕式的塔吉克斯坦总统拉赫蒙，两国元首同意加快在塔吉克斯坦建成中亚首家鲁班工坊。2022 年 9 月，习近平主席访哈萨克斯坦期间，哈萨克斯坦总统托卡耶夫表示希望扩大同中方的教育合作，正在积极研究开设鲁班工坊事宜。2023 年 1 月，土库曼斯坦总统别尔德穆哈梅多夫对华进行国事访问期间，两国元首达成早日在土库曼斯坦设立鲁班工坊的重要共识。

为深入贯彻落实习近平总书记关于中亚国家鲁班工坊建设的系列重要指示精神，天津市全力推进天津城市建设管理职业技术学院与塔吉克斯坦技术大学建设的塔吉克斯坦鲁班工坊、天津市职业大学与东哈萨克斯坦技术大学建设的哈萨克斯坦鲁班工坊、天津海运职业学院与塔什干国立交通大学建设的乌兹别克斯坦鲁班工坊。

塔吉克斯坦鲁班工坊是中亚地区首家鲁班工坊，2022 年 3 月，

---

① 鲁班工坊品牌落户中亚 . 外交部网站，2023-02-16.

由天津城市建设管理职业技术学院与塔吉克斯坦技术大学开始合作建设。同年 11 月 29 日，哈萨克斯坦鲁班工坊启动运营。鲁班工坊位于塔吉克斯坦首都杜尚别的塔吉克斯坦技术大学内（见图 5-1～图 5-3)，建筑面积 1 138 平方米，以城市热能应用技术和工程测量技术作为合作共建专业，设有绿色能源实训中心和智能测绘实训中心教学区，配备双语教材、实训教学设备和信息化教学资源，目前共有师生 300 余人。鲁班工坊的启用填补了中塔两国职业技术教育合作的空白。鲁班工坊运营后，塔吉克斯坦技术大学相关专业的招生数量显著上升。塔吉克斯坦技术大学还计划为道路建设、大地测量、工业及能源等领域的外部公司提供进修课程。鲁班工坊的建成进一步充实了中塔教育合作内涵，为当地青年提升学历层次和技术技能水平搭建了新平台。

图 5-1　塔吉克斯坦鲁班工坊外景

图 5-2　在塔吉克斯坦鲁班工坊，来自天津城市建设
管理职业技术学院的教师吴正鹏 (后排左一) 向学生讲解测绘实践知识[1]

图 5-3　学生在塔吉克斯坦鲁班工坊内学习与实践[2]

2023 年 3 月 2 日，天津市职业大学与东哈萨克斯坦技术大学签订
《哈萨克斯坦鲁班工坊合作建设备忘录》，双方达成共同建设哈萨克斯坦

---

① 走进中亚首家鲁班工坊 . 新华社网站，2023-05-11.

② 鲁班工坊品牌落户中亚 . 外交部网站，2023-05-16.

鲁班工坊合作意向。5 月 18 日至 19 日，中国 - 中亚峰会期间，天津市与哈萨克斯坦共和国东哈萨克斯坦州签署《中华人民共和国天津市人民政府与哈萨克斯坦共和国东哈萨克斯坦州政府建立哈萨克斯坦鲁班工坊合作协议》，哈萨克斯坦鲁班工坊项目正式全面启动。8 月 1 日至 25 日，东哈萨克斯坦技术大学的 15 名专业教师在天津市职业大学参加为期四周的师资技术培训。在这一个月内接受燃油汽车、新能源汽车、智能网联汽车等 3 个课程模块 20 门培训课程，共 160 学时的培训内容。同时，双方还将围绕人才培养、专业建设、课程标准建设等方面的重难点问题进行交流与研讨。[①]

2023 年 11 月 20 日，由天津海运职业学院与乌兹别克斯坦塔什干国立交通大学共建的鲁班工坊成功签约。天津海运职业学院利用自身学科优势，在乌兹别克斯坦塔什干国立交通大学开设了信息技术和物流两个专业，遵循场地建设、实训装备、教师培训、专业标准、教材资源"五到位"要求，通过普及专业知识、推广实用技术、培养技术技能人才，全面提升乌兹别克斯坦当地现代物流管理专业和信息技术专业教师的专业化水平。[②]

---

① 哈萨克斯坦鲁班工坊预计 10 月底完成运行前建设工作，首批哈方教师已抵华接受培训 . 环球网，2023-08-10.

② 乌兹别克斯坦鲁班工坊签约仪式在天津举行 . 央视新闻客户端，2023–11–20.

第六章

技术服务与科研

天津市高等职业学校在建设产业学院、协同创新中心的同时，积极搭建各类技术服务平台，对接行业、企业的问题和需求，开展技术创新、技术应用优化和技术服务，形成科教融汇的校企共同体。

◆ 对接产业链和现代服务业重点产业的技术服务平台 31 个，占技术服务平台总数的 96.86%。

◆ 三成专利对接产业链和现代服务业重点产业。

◆ 近三成技术成果转化对接产业链和现代服务业重点产业。

◆ 三成技术服务项目对接产业链和现代服务业重点产业。

◆ 近三成纵向课题对接产业链和现代服务业重点产业。

◆ 超三成横向课题对接产业链和现代服务业重点产业。

党的二十大报告提出，要推进职普融通、产教融合、科教融汇，优化职业教育类型定位。高等职业教育在培养技术技能人才的同时，服务产业、行业、企业的能力和水平体现在技术服务与科研两个方面。天津市高等职业学校在建设产业学院、协同创新中心的同时，积极搭建各类技术服务平台，对接行业、企业的问题和需求，开展技术创新、技术应用优化和技术服务，形成科教融汇的校企共同体。

第一节 积极建设技术服务平台

天津市 12 所高等职业学校建设了 32 个技术服务平台。其中，建设数量排前三位的学校依次为天津医学高等专科学校、天津城市职业学院、天津市职业大学。

在 12 所建有技术服务平台的高等职业学校中，11 所高等职业学校的技术服务平台开展了共 88 个项目。其中，项目数量排前三位的学校是天津市职业大学、天津医学高等专科学校、天津机电职业技术学院。

  天津中德应用技术大学建成了"天津市智能装备运动控制系统应用技术工程中心"，依托自动化、电气工程与智能控制专业，承接了"火箭复杂管路无接触测量""基于光纤的宽带大动态射频信号无失真传输技术研究""面向汽车装配的外骨骼机器人自适应人机协同控制方法研究"等多个项目，为企业技术攻关提供智力支撑，攻克了多项企业急需的关键技术。

  天津轻工职业技术学院建成了"中国轻工业精密模具工程技术研究中心"，依托模具设计与制造、数控技术、机械设计与制造、工业产品质量检测技术、智能制造装备技术、机械制造及自动化(智能制造)专业，承接了"手表机芯零件高速精密级进模开发"项目，突破国外技术垄断，替代进口模具，大幅提高生产效率，获得中国模具工业协会精模奖一等奖、二等奖各 1 项。

对接产业链和现代服务业重点产业的技术服务平台有 31 个，占技术服务平台总数的 96.86%。其中，对接产业链的技术服务平台有 26 个，占技术服务平台总数的 81.25%，主要对接信创、高端装备、集成电路、新能源、航空航天、新材料、汽车及新能源汽车、生物医药、绿色石化、轻纺 10 条产业链；对接现代服务业重点产业的技术服务平台有 25 个，占比 78.13%，主要对接现代金融、商务服务、会展服务、科技服务、设计服务、信创服务、商贸服务、健康服务、文化旅游、教育服务、家庭服务 11 项现代服务业重点产业。

在技术服务平台项目中，服务国家重大战略项目的有 11 个，占技术服务平台项目总数的 34.78%；服务企业突破"卡脖子"关键核心技术攻关的有 18 个，占比 56.25%；参与"揭榜挂帅"的有 2 个，占比 6.25%。

技术服务平台产生的经济效益为 1.67 亿元。其中，产生经济效益排前三位的学校依次为天津中德应用技术大学、天津医学高等专科学校、天津轻工职业技术学院。

天津市职业大学建成了"66311"技术技能创新服务平台体系，重点打造了 6 个研发中心、6 个大师工作室、3 个智库、1 个创新创业发展学院、1 项创新技术成果"双转化"机制；建成了天津市包装生产线技术工程中心和增材制造技术推广中心，面向智能包装机械产业和增材制造产业，开展关键共性技术攻关和产品孵化；依托包装工程技术、绿色化工、智能制造等专业群人才培养和技术创新的优势，建成智能装备与数字化制造研究中心、汽车技术应用研究中心等 11 个校级应用技术研究中心（协同创新中心），同时依托双高项目，聚焦复合功能新材料开发、智能网联汽车在线仿真系统、国产信息系统软件适配技术、智能制造等领域进行技术创新，建设了化工工艺与新材料技术研发中心、智能网联汽车应用协同创新中心、国产化信息系统研发测试中心、智能制造应用技术创新服务中心。天津市职业大学建有科技成果转化中心，积极推进技术成果转化。此外，学校高度重视科普教育工作，建有工匠精神体验科普基地、视光近视防控与眼健康 2 个省级科普教育基地，推动科普科创两翼齐飞。

天津铁道职业技术学院与中铁第六勘察设计集团有限公司共建"工程检测中心暨产业学院"，与天津哈威克科技有限公司共建"智能轨道交通装备技术工程研究中心"，将国际先进工艺流程、职业标准、行业标准和岗位规范融入人才培养过程，学生以学徒身份在真实的生产环境中完成企业生产任务，打造"师资互派、设备共享、优势互补、产学共赢、共同发展"的校企命运共同体。

天津工业职业学院与新天钢集团合作，建立陈太生技能大师工作室，开展降低钢中氮含量攻关、降低82B盘条拉拔断丝率质量攻关、提高82B铸坯内部均质化攻关、提高中厚板性能合格率质量攻关、提高烧结用生石灰粉活性质量攻关等项目；建立吴新忠技能大赛工作室和天津冶金"双碳"研究与推广中心，开展工业节能诊断服务项目。

第二节　探索技术成果转化与服务

一、三成专利对接产业链和现代服务业重点产业

天津市共有18所高等职业学校拥有专利，专利数量为713个。其中，专利转化总数为78个，专利转化率为10.94%。专利数量、专利转化数量排前两位的是天津市职业大学（专利数量262个、专利转化数量42个，专利转化率为16.03%）和天津轻工职业技术学院（专利数量127个、专利转化数量20个，专利转化率为15.75%）。

对接产业链的专利有240项，占专利总数的33.66%，主要对接信创、高端装备、集成电路、车联网、新能源、航空航天、新材料、汽车及新能源汽车、生物医药、中医药、轻纺11条产业链。其中，对接高端装备产业链的专利有130项，占对接产业链专利数量的54.17%。

对接现代服务业重点产业的专利有247项，占专利总数的34.64%，主要对接现代物流、现代金融、科技服务、设计服务、信创服务、商贸服务、健康服务、教育服务8项现代服务业重点产业。其中，对接科技服务的专利有183项，占对接现代服务业重点产业专利数量的74.09%。

服务国家重大战略项目的专利有28项，占专利总数的8.13%；服务企业突破"卡脖子"关键核心技术攻关的专利有22项，占比3.09%；参与"揭榜挂帅"的专利有2项，占比0.28%。产生经济效益的专利有16项，金额为0.034亿元。

天津电子信息职业技术学院拥有"一种以 HWMP 为基础的混合路由协议的实现方法""复杂机场环境下 GBAS 系统及应用方法""基于双频双星座 GBAS 的电离层异常监测方法及装置""一种基于链路传播时间的路由协议路径选择的实现方法""基于北斗 GBAS 多频点多星座高可靠性自主监测方法及设备""一种同轴电缆微带线混合阻抗变换器""一种跳频滤波器用 PIN 管高压开关"等 7 项服务国家战略的专利,同时还拥有"一种罐体可以重复利用且摄取奶粉面恒高的奶粉罐""一种大豆蛋白喷涂用双料雾化喷枪""小型断路器可靠性试验系统 V1.0""小型断路器可靠性试验服务器控制系统 V1.0""一种基于视觉定位的涂胶系统""一种洗衣机进水管投放用自动供料装置"等多项自主可控的专利。其中,"一种以 HWMP 为基础的混合路由协议的实现方法"专利的主要内容为最优路径树的建立阶段(根节点广播 RANN 消息,非根节点根据收到的 RANN 消息中的链路度量、RANN 的序列号建立一条到根节点的最优路径树)、路径发现阶段(源节点需要发送数据到目的节点时,沿着路径树将数据发送到根节点,根节点发起路径请求完成路径发现与建立过程)、路径维护阶段(源节点和目的节点在接收到根节点周期性广播的 RANN 消息后沿着路径树回复 PREQ 消息,完成路径维护)。该专利较好地解决了广播包的抑制问题,提前感知路径信息的变化情况,较好地解决了大规模移动自组网、网络拓扑结构快速变化、网络节点规模大的问题。

天津交通职业学院拥有"一种建筑用挂篮装置""一种建筑用混凝土搅拌设备""一种泡沫混凝土专用搅拌装置""一种多关节吸盘式仿生行走机构"等 4 项专利,应用于中水北方勘测设计研究有限责任公司科研院混凝土结构工程维修检测项目、混凝土试验室检测设备优化项目、混凝土工程结构巡检项目中。

天津海运职业学院拥有的专利"一种超声波铁轨探伤设备的

辅助装置"可解决轨道在使用期间经常会被污渍、泥沙污染导致的漏检和设备过度损耗的问题；专利"一种电子计算机的防尘冷却装置"解决了现有的冷却装置在长时间使用后，会有大量灰尘堆积，导致冷却装置被大量灰尘所堵塞，影响冷却装置对计算机的冷却效果等问题，具备防尘的优点；专利"一种船舶尾推快速拆装工装"提供一种船舶尾推快速拆装工装，便于靠近尾推处进行接放拆卸下的尾推；专利"一种船壳外板修理工装"作为该船壳外板修理工装，可实现从船壳外板的外侧进行堵漏，解决了传统内侧堵漏带来不便的问题，达到了充分利用船外水压能量快速减少船板破损处进水量的目的，实现了在进水过程中堵漏，利用电磁成形器和铁磁性粉粒根据船体破损形状自动成形，同时利用现场调配的快固型水泥对修补组件进行很好的密封，大大提高了密封效果，并缩短了修补时间；专利"一种船舶尾气污染排放监控装置"作为一种船舶尾气污染排放监控装置，可实现散热功能，过滤网可以过滤掉空气中的灰尘和湿气，避免对检测箱内部的设备造成腐蚀，设有的防护网起到保护散热风扇的作用，同时防止手部误触碰对人员造成伤害；专利"一种船舶机电用具有防腐蚀功能的控制箱"作为一种船舶机电用具有防腐蚀功能的控制箱，通过设置的刮除组件对箱体表面产生的水汽凝露进行刮除，避免对箱体表面产生腐蚀，通过涂刷纳米涂层，进一步提升了控制箱的防腐蚀能力，有效延长了控制箱的使用寿命。

二、近三成技术成果转化对接产业链和现代服务业重点产业

天津市共有 9 所高等职业学校拥有技术成果转化，数量为 167 项。其中，技术成果转化数量排前三位的是天津轻工职业技术学院、天津现代职业技术学院、天津市职业大学。

对接产业链的技术成果转化有 48 项，占技术成果转化总数的 28.74%，主要对接信创、高端装备、车联网、新能源、新材料、汽车及新能源汽车、生物医药、轻纺 8 条产业链。其中，对接新材料产业链的技术成果转化有 23 项，占对接产业链技术成果转化数量的 47.92%。

对接现代服务业重点产业的技术成果转化有 49 项，占技术成果转化总数的 29.34%，主要对接科技服务、健康服务、教育服务 3 项现代服务业重点产业。其中，对接科技服务的技术成果转化有 35 项，占对接现代服务业重点产业技术成果转化总数的 71.43%。

服务国家重大战略项目的技术成果转化有 5 项，占技术成果转化总数的 2.99%；服务企业突破"卡脖子"关键核心技术攻关的技术成果转化有 4 项，占比 2.40%。产生经济效益的技术成果转化有 16 项，金额为 0.11 亿元。

> 天津渤海职业技术学院开发了适合保健红糖加工的挤压机、搅拌机、压片机等专用红糖加工设备，以及玫瑰块糖、红糖姜茶、保健红糖等配方，解决了保健红糖产业化生产过程中的产品质量控制要求高、成本控制难度大、质量标准提高需要制定企业产品标准、产品储存或出售时容易吸湿受潮或感染有害微生物等难题，开发出"撒手锏"产品，产生经济效益 200 万元。

三、三成技术服务项目对接产业链和现代服务业重点产业

天津市共有 13 所高等职业学校拥有技术服务项目，数量为 394 项。其中，技术服务项目数量排前三位的是天津中德应用技术大学、天津市职业大学、天津轻工职业技术学院。

对接产业链的技术服务项目有 127 项，占技术服务项目总数的 32.23%，主要对接信创、高端装备、集成电路、车联网、新能源、航空

航天、新材料、汽车及新能源汽车、生物医药、轻纺 10 条产业链。其中，对接高端装备产业链的技术服务项目有 61 项，占对接产业链技术服务项目数量的 48.03%。

对接现代服务业重点产业的技术服务项目有 137 项，占技术服务项目总数的 34.77%，主要对接现代物流、商务服务、科技服务、会展服务、设计服务、信创服务、商贸服务、教育服务 8 项现代服务业重点产业。其中，对接科技服务的技术服务项目有 79 项，占对接现代服务业重点产业技术服务项目数量的 57.66%。

服务国家重大战略项目的技术服务项目有 19 项，占技术服务项目总数的 4.82%；服务企业突破"卡脖子"关键核心技术攻关的技术服务项目有 24 项，占比 6.09%；参与"揭榜挂帅"的技术服务项目有 2 项，占比 0.51%。产生经济效益的技术服务项目有 56 项，金额为 0.71 亿元。

> 天津城市职业学院开发"5G 虚拟网基础上的智慧养老数字信息化服务系统"，助推区、街道及社区养老服务机构的三级联动，有效整合了区域内各类养老服务资源，合理调配并保障了养老资源供需平衡，加强了各类养老服务机构的运营和监管，为政府部门制定养老政策提供了支持。

第三节　加大科研课题研究力度

一、近三成纵向课题对接产业链和现代服务业重点产业

1 所应用技术大学和 23 所高等职业学校中，22 所学校（除天津公安警官职业学院、天津艺术职业学院）申请的纵向课题总数量为 205 项，其中国家级 15 项，省部级 190 项；纵向课题总到款额为 1 654.64 万元。

纵向课题数量排前三位的学校是天津轻工职业技术学院、天津交通职业学院和天津医学高等专科学校。

纵向课题到款额排前三位的学校是天津中德应用技术大学、天津医学高等专科学校和天津轻工职业技术学院。

对接产业链的纵向课题有 61 项，占纵向课题总数的 29.76%，主要对接信创、高端装备、新能源、新材料、汽车及新能源汽车、生物医药、中医药、绿色石化、轻纺产业链。

对接现代服务业重点产业的纵向课题有 83 项，占纵向课题总数的 40.49%，主要对接现代物流、科技服务、信创服务、健康服务、教育服务、家庭服务等。

服务国家重大战略项目的纵向课题有 36 项，占纵向课题总数的 17.56%；服务企业突破"卡脖子"关键核心技术攻关的纵向课题有 1 项，占比 0.49%；参与"揭榜挂帅"的纵向课题有 2 项，占比 0.98%。产生经济效益的纵向课题有 33 项，金额为 0.58 亿元。

二、超三成横向课题对接产业链和现代服务业重点产业

1 所应用技术大学和 23 所高等职业学校中，22 所高等职业学校（除天津公安警官职业学院、天津艺术职业学院）申请的横向课题总数量为 322 个，总到款额为 0.22 亿元。

横向课题数量排前三位的学校是天津中德应用技术大学、天津市职业大学和天津轻工职业技术学院。

横向课题到款额排前三位的学校是天津中德应用技术大学、天津市职业大学和天津医学高等专科学校。

对接产业链的横向课题有 115 项，占横向课题总数的 35.71%，主要对接信创、高端装备、集成电路、车联网、新能源、汽车及新能源汽车、生物医药、绿色石化、轻纺产业链。

对接现代服务业重点产业的横向课题有 131 项，占横向课题总数的 40.68%，主要对接现代物流、商务服务、会展服务、科技服务、设计服

务、信创服务、商贸服务、健康服务、教育服务、家庭服务等。

服务国家重大战略项目的横向课题有 18 项，占横向课题总数的 5.59%；服务企业突破"卡脖子"关键核心技术攻关的横向课题有 19 项，占比 5.90%；参与"揭榜挂帅"的横向课题有 3 项，占比 0.93%。产生经济效益的横向课题有 37 项，金额为 0.77 亿元。

天津中德应用技术大学大力拓宽各级纵向科研项目的申报渠道并加强各类科研项目申报的组织工作，全年共立项各级各类科研项目 138 项，立项纵向项目 65 项，包括省部级项目 25 项、局级项目 36 项、企业重点实验室课题 1 项，学会项目 3 项，横向项目 73 项。学校各类科研项目立项经费合计 0.41 亿元，到账经费合计 0.25 亿元。2022 年，天津中德应用技术大学组织申请各类专利及软件著作权 145 件，获得专利授权 101 件，其中发明专利授权 14 件，同时，与天津职业技术师范大学等单位联合申报天津市专利转化专项资金项目 1 项。学校承担的"数字化车间全要素数据采集与控制系统故障识别方法及协同控制技术研究"项目实现了车间全要素、多领域、多维度数字孪生模型构建，通过对控制系统进行远距离数据采集与可视化研究，以及通过自适应神经网络和滑模动态控制对工业机器人等关键装备实现精细化主动调控等，为企业数字化转型提供技术解决方案，项目获津南区"揭榜挂帅"科技计划资助支持，立项经费 0.04 亿元。

天津医学高等专科学校在"双高"建设期间，立项省级及以上项目 106 项，其中，教育部课题、卫生健康委委托项目 12 项，行业、企业横向课题 12 项，专利 13 项，软件著作权 40 项。其中，公众心肺复苏技术标准获国家认证认可监督委员会授权，技能培训项目连续两年入选天津市民心工程，培训 7 万余人。科创融合，获得创新创业省市级及以上奖项 103 项，其中，国家级奖项 2 项。横向课题与技术服务到款额 0.076 亿元，企业产生经济效益 0.5 亿元。

天津电子信息职业技术学院完成通信导航相关计算机与软件著作 4 项，专业论文十余篇（两篇 SCI 论文）；完成省部级科技支撑重点研究课题 3 项，其中 1 项成果被鉴定为国际先进水平并由相关机构出具了《科技查新报告》，入选工业和信息化部 2020—2021 年度物联网示范项目。天津电子信息职业技术学院与相关企业共同研发的国内第一套国产民航 GBAS 设备，获得民航局颁发的国内同类设备第一张无线电发射设备型号核准证。"壹壹科技"团队与中国航天科技集团第五研究院合作，自主研发设备，实现各模块快速对接，仅耗时不到 20 分钟就直接模拟出月球表面岩石造型，提升月面复原效率 15 倍，为技术人员对"嫦娥五号"在月面完成采样点选择与采样策略的制定提供参考依据，为国家节省下巨额资金。

天津现代职业技术学院无人机应用技术专业的师资团队与通用航空协会、航天科工集团三院 8 358 所、大疆创新科技有限公司等共建联合实验室和工程技术中心 2 个；申报立项教育部科技发展中心、河北省科技计划课题各 1 项，为京津冀地区中小微企业完成技术服务项目 5 项；为企业完成科研课题 10 项，累计获得经费 94 余万元。无人机测绘服务团队和无人系统水质监测服务团队为雄安新区林业服务中心、水务局完成千年秀林测绘、白洋淀水质监测等技术服务项目 25 项，测绘面积达 200 平方千米。此外，天津现代职业技术学院还基于服务实践申请专利 12 件。

天津工业职业学院技能大师赋能企业节能降耗技术改革。学院联合华北理工大学为河北迁安正大通用钢管有限公司从单体设备节能、工序节能、系统节能、管理节能、全厂节能五个层面，结合先进的热工、能耗、管理模型，采取企业自诊、专家会诊、现场诊察、能效测试、建模计算、能效对标、实验分析等方式，对企业生产工艺能耗先进性、生产工序能源衔接合理性、单体设备用能高效性、能源计量及检测实效性、能源管理科学性等进行了系统的能源审计及节能诊断。天津工业职业学院通过查找企业节能点挖掘节能潜力，对用能进行能效评价等，确定改进项目及改进措施，依据企业提供的资料及数据，结合企业生产实际，制定节能措施或开发节能项目，形成节能诊断技术报告和节能诊断研究报告。经初步估算，通过实施节能措施，公司可实现年节约805吨标准煤当量，年减排 CO_2 量2 093吨，若采用天然气燃烧节能新技术，可实现年节能标煤量2 250吨标准煤当量，年减排 CO_2 量5 850吨。节能诊断报告得到河北省工业和信息化厅的高度认可，并作为标杆在全行业内进行推广。

第七章

存在问题与对策、建议

增强职业教育适应性是一篇大文章，天津市高等职业教育始终在改革创新的道路上快跑。面对新一轮科技革命、产业变革和教育范式变革，天津市高等职业教育需要在专业对接服务产业研究方面做好、做细、做精，以小切口呈现大发展，以小视角展现大成效。

◆ 优化专业对接服务产业的结构与内容效度。

◆ 加强专业对接服务产业薄弱环节。

◆ 大力推进产教融合基础上的科教融汇。

◆ 加快推进产教融合立法和信息化建设。

第一节　优化专业对接服务产业的结构与内容效度

经过几年来各高等职业学校专业增加与撤销的调整，天津市高等职业教育专业对接服务产业解决了"有没有对接"的问题，基本达到了所有专业对接重点产业链和现代服务业重点产业。然而，对接产业链的专业大类与对接现代服务业重点产业的专业大类比例为53.57∶43.48，专业比例为51.31∶48.69，专业布点比例为55.20∶44.80，对接第二产业的专业大类、专业、专业布点比例高于第三产业，与天津市三次产业结构中服务业的主导地位还存在差异，需要进一步优化专业结构，在对接服务的效度上下功夫。

一是科学提升专业对接服务产业的结构效度，整体规划专业结构及专业布点。依据天津市产业结构细分与发展的布局，以及市域内产业园和各类创新中心、研发中心等的布局，研制布局图谱，进行人才需求预测；根据布局图谱和人才需求预测，对专业对接服务产业进行顶层设计，规划未来 5 ～ 15 年天津市高等职业教育专业设置结构与布局，优化和调整对接重点产业链和现代服务业重点产业的专业及专业布点。

二是精准提高专业对接服务产业的内容效度，提高产业发展内容与高等职业学校专业建设内容的对接紧密度和精准度。在天津市 12 条产业链和 12 项现代服务业重点产业中，依据产业链和创新链布局、细分产业集群，结合产业链的上下游、产供销整体配套细化专业布点与专业内容建设、人才培养方案等。

第二节　加强专业对接服务产业薄弱环节

专业对接服务产业是产教融合的关键，天津市高等职业学校在技术服务平台、专利与授权转化、技术服务项目、自然科学基金项目等方面还存在较大发展空间，在集团、联盟、协会和产业学院、协同创新中心等方面与行业、企业的结合度还不高，参与"卡脖子"环节、关键核心技术等的能力还不强，需要与产业园区、行业、企业等建立问题导向的产教融合交流协作机制，补短板强弱项。

一是依托重点产业园区、产业集聚区、产业基地，以及产业创新平台、创新园区、示范园区、创新中心、技术中心等，围绕"卡脖子"环节、关键核心技术等，在国家级和市级"双高"专业群、专业对口学校中设立"揭榜挂帅"攻关项目，培养一批精进、拔尖的教师创新团队。加强企业等兼职教师兼用制度建设，营造校企共研、共促、共赢的环境氛围。

二是加大联合体、共同体和产业学院、协同创新中心的建设力度，完善职业教育教学与科研协同发展的工作体系，构建涵盖产业关键技术研究中心、重点实验室等平台在内的国家级、市级和校级三级产学研技术技能积累载体，把技术技能转化为生产力，将科教融汇转化为高等职业学校创新力。

第三节　大力推进产教融合基础上的科教融汇

对天津市高等职业教育而言，产教融合有着扎实的基础，但要突破科教融汇这一短板，需要打好"组合拳"。

一是要精准把握推进科教融汇这一发展方向，以提升职业学校关键能力为基础，以深化产教融合为重点，实现教学与科研系统化协同创新，用科学技术、科学研究支撑学校发展，通过科学研究、技术服务、科技成果转化，借助技术技能创新平台、专业化技术转移机构等，切实提高职业教育的质量、适应性和吸引力，在丰富产业内容和壮大产业规模的过程中主动作为。

二是要瞄准产业高端和高端产业，聚焦特色产业或细分领域，针对技术链、产业链中的某一环节或部分要素进行研发，推动科技创新和科技成果转化。对接天津市产业布局，建设领军人才工作站，打造产教融合技术研发和推广服务中心、协同创新中心，力争引领产业创新发展；打通科研开发、技术创新、成果转移链条，助力企业实现技术技能的积累和优化的同时，实现课程体系中知识和技能的再生产。

三是把科研社会服务作为职业教育供给侧改革的重要推动力量，探索建立"大科研"职业教育管理机制，建立教育教学研究、人文社科研究、自然科学研究有机结合的一体化管理体系。依托天津市产教融合研究院，开展以问题为导向的有组织科研，建立课程教材产教联合开发机制；以"双高"建设关键难题为重点需求，加强科研治理体系建设，促进教育链与创新链、产业链、人才链的联动和对接，实现职业教育科研事业与区域经济社会转型升级同频共振。

第四节　加快推进产教融合立法和信息化建设

一是强化政策制度保障。推动修订《天津市职业教育条例》，出台《天津市职业教育产教融合促进条例》，优化技术技能人才评价与激励机制。

二是搭建产教融合供需信息共享平台，打造区域产教融合联合体和产业链行业共同体，促进人才培养供给侧和产业发展需求侧全方位对接。

第八章

专业对接服务产业十大案例

天津市高等职业学校专业对接服务产业的实践丰富且鲜活，支撑产业引育，会同天津市发展和改革委员会培育产教融合型企业193家，助推国家产教融合型试点城市建设。为助力企业技术研发和产品创新，天津市高等职业学校与华为、360、京东、林肯汽车等龙头企业共建百余个产业学院和技术工程中心等，攻克手表机芯零件高速精密级进模具等"卡脖子"关键技术，填补国内空白。天津市建设国家示范性职教集团培育单位6个，职业学校年培训企业员工超40万人次，让更多青年凭借一技之长实现人生价值。

- ◆ 服务区域产业发展，持续提升专业建设内涵。
- ◆ 聚焦精密模具领域，打造海鸥表业的中国特色现代学徒制。
- ◆ 探索服务多元路径，助力技术技能创新。
- ◆ 重构专业发展载体，行企校共建产业学院。
- ◆ 聚焦关键技术项目，科教融汇协同创新。
- ◆ 聚焦民生需求，强化康养服务成效。
- ◆ 传承创新非遗文化，彰显天津传统文化时代价值。
- ◆ 完善育训并举模式，持续提升职教贡献度。
- ◆ 多渠道发力，精准培养技术技能人才。
- ◆ 推进电商技术应用，助力高质量发展电子商务。

案例一　服务区域产业发展，持续提升专业建设内涵

一、应对制造业转型升级，带动跨界技术整合

（一）坚持以智能制造为主攻方向开展专业建设

天津中德应用技术大学积极对接国家智能制造产业，着眼区域经济

岗位人才需求，面向智能科技、装备制造领域，聚焦智能制造与工业互联网融合的专业组群，通过实地走访、联盟峰会等形式，了解企业对智能制造人才的技术需求，按照"专业建设对接产业需求"原则，重点打造自动化、电气工程与智能控制、工业信息安全、物流管理等专业。聚集高端企业资源，带动跨界技术整合，加大工作创新、管理创新、服务创新，强基固本，通过人的融合、加强专业融合，坚持以智能制造为主攻方向开展专业建设。

学校先后与西门子电气传动有限公司、菲尼克斯（天津）有限公司、固高科技股份有限公司、天津电气科学研究院有限公司、宜科（天津）电子有限公司等高端装备制造业企业，长城汽车股份有限公司天津哈弗分公司、一汽大众汽车有限公司天津分公司、天津立中车轮有限公司、中国汽车工业工程有限公司等汽车制造企业，签订校企合作协议，积极探索产教融合建设新模式；承担本科自动化专业建设、工业机器人和智能化生产线双创平台建设等天津市建设项目，建成天津市智能设备运动控制系统应用工程技术中心、智能制造虚拟仿真实训基地、天津市智能制造科普基地等省部级实践教学平台6项。2017年，学校被聘为天津市自动化与信息化技术创新战略联盟副理事长单位；2018年，学校牵头成立校企合作委员会；2019年，学校牵头成立"中国电工技术学会数字化工厂装备与智能制造技术专业委员会"。"中德智能制造人才培养合作"项目获2021年国家工业和信息化部新一代信息技术与制造业融合发展试点示范。目前，学校与天津大学、通用机床等高校、企业筹建"高端装备制造行业产教融合共同体"，共同开发"工业母机"，为装备制造业提供智能的生产设备和零部件；主动对接天津市"高端装备和智能制造"等6个产业人才创新创业联盟，强化中国电工技术学会数字化工厂装备与智能制造技术专业委员会、天津市工程师学会等机构秘书处职责，承办世界智能大会平行论坛等，持续打造工程技术领域研究交流合作平台。

（二）细化专业，完善校企合作育人模式与机制

天津中德应用技术大学在专业建设过程中，不断增加学生进行企业实践的时间和强度，细化学生进行企业实践的标准和要求，提高企业实践的针对性和有效性；不断探索并完善校企合作育人的新模式、新机制，聘请行业、企业参与人才培养方案修订，与企业联合制定培养目标、共同建设课程体系和教学内容、共同实施培养过程、共同评价培养质量，进一步深化产教融合、校企合作育人功能，强化对学生的职业素养、岗位适应能力和终身发展能力的培养。每个新申报专业至少与五家以上企业开展产教融合、校企合作。

联合企业进行专业建设。学校借鉴德国应用技术大学人才培养经验，强化实践能力培养，结合我国国情，从岗位出发，人才培养与企业深度融合，系统设计"认知实践、生产实践、工程实践、企业定制实践"系列企业实践环节，构建由企业和学校共同培养、四年企业实践不断线的人才培养体系，使学生逐渐成长为现场工程师；学校与大众、博世等229家企业深度合作开展"双元"培养，与企业联合制定培养方案，共同实施培养过程、共同评价培养质量，将企业（行业）标准纳入课程大纲，共同编写教材，共同指导毕业设计。

联合企业进行教学条件建设。学校与瑞士工业集团乔治费歇尔(GF)集团、德国菲尼克斯电气集团、固高科技(深圳)有限公司、天津天锻压力机有限公司等国内外知名企业联合打造"机器人共性技术平台""智能化生产线示范创新中心""复合材料柔性成形线集成技术平台""航空航天材料加工工艺技术中心""先进连接技术与过程控制实验室""MES系统技术综合应用实验室"和"光热储能发电实验中心"等7个应用技术型"双创平台"。

联合企业进行师资队伍建设。以教学名师为引领，引进高水平专业人才；以一流企业为支撑，聘请行业内能工巧匠；以骨干教师为主体，送出国门开拓新视野；以最新技术为目标，下往企业锻炼与提高；以岗

前培训为起点，带领新教师快速成长。企业技术人员与专任教师互兼互聘，双向交流。

联合企业进行课程体系与教材建设。通过校企合作，引入国内外行业职业标准，制定人才培养方案，构建突出核心技术的特色课程体系。结合学校专业实际，联合企业共同开发配套教材。

二、推进信创产业发展，构筑区域主导产业人才培养高地

天津电子信息职业技术学院以软件技术高水平专业群建设为龙头牵引，支撑、辐射并带动校内 8 个电子与信息大类专业，构建形成了涵盖基础硬件、软件系统、"信创 + "服务三大核心链条，信息安全一大保障及北斗军民融合一大特色的"津电模式"信创专业布局。紧密对接天津市"1+3+4"智能科技主导产业，依托天津市作为全国信创产业链条最全、产业聚集度最高的发展聚集区优势，聚焦信创产业发展的人才和技术需求，绘制专业群建设与产业发展谱系图，以软件技术高水平专业群为核心构建信创专业布局，见图 8-1。

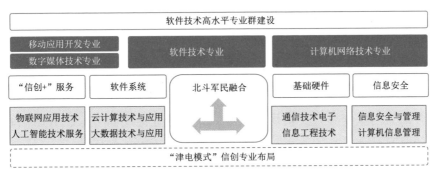

图 8-1　以软件技术高水平专业群为核心构建信创专业布局

学院拥有 2 个国家级职业教育教师教学创新团队；"1+X"试点数量 22 个，取证通过率达 91.32%；学生获省部级以上竞赛奖项 179 项，获得中华人民共和国职业技能大赛、全国职业院校技能大赛、中国国际"互联网 + "大学生创新创业大赛三大标志性竞赛 23 项；培养选手获得

第 46 届世界技能大赛银牌；学校师生获世界职业院校技能大赛金牌 1 项、优胜奖 2 项，第八届中国国际"互联网＋"大学生创新创业大赛银奖 1 项、铜奖 2 项，第十七届"振兴杯"全国青年职业技能大赛计算机程序设计员（云计算平台运维与开发）赛项铜奖，两名学生获第 21 届全国青年岗位能手。"金平果"2021 排行榜中，天津电子信息职业技术学院软件技术专业群被评为五星最高等级，在全国"双高"院校 253 个专业群中按位次比排名第八。中国高等教育学会发布 2020 年全国高等职业学校竞赛排行榜，天津电子信息职业技术学院位列全国第九，天津市第一。

三、匹配生物医药产业人才需求，优化"三教"改革路径

天津生物工程职业技术学院紧密对接生物医药产业，尤其是中药行业人才需求，多年来与天津津药达仁堂集团公司（原天津中新药业集团集团股份有限公司）紧密合作，帮助专业教学团队提高教学水平、提升服务能力，开展教科研交流活动，培养和打造了一支德才兼备、开拓创新、团队效应突出、能引领天津中药专业技能发展的人才队伍。

校企双方组成专家团队，共同开展模块化教学。天津生物工程职业技术学院聘请优秀毕业生、全国劳动模范、天津市中药鉴定大师毛玉泉，天津海河工匠翟亚娜、于小华作为中药学专业兼职教师，在"中药性状鉴定技术""药材市场认知实训""中药炮制技术"等课程中，与专业教师共同探索并开展模块化教学。聚集行业内中药专家、大国工匠，发挥行业领军人的示范引领作用和技师等专家在中药鉴定、中药炮制、中药制剂等方面的技术优势，共同开展技能培训、教科研交流活动，在教学过程中组织"技能大师进课堂"等活动提高学生的岗位工作能力。

聘请天津津药达仁堂集团药材公司、中药饮片厂、北京同仁堂药店连锁公司等企业的专业技术人员，共同编写《中药识别技术》《中药炮制技术》《中成药应用》等教材，在中国中医药出版社、华中科技大学出版社、中国协和医科大学出版社出版并在教学中使用。

案例二　聚焦精密模具领域，打造海鸥表业的中国特色现代学徒制

一、校企研发关键技术，取得民族品牌重大技术突破

天津轻工职业技术学院自 2011 年以来，先后与国际精密模具加工技术龙头企业瑞士 GF 共建具有世界先进水平的精密模具特种加工与检测应用技术服务中心，建设 GF 华北地区超高精度加工示范应用中心、卡尔蔡司华北区应用技术中心，兼具教学实训中心、超精加工智能制造中心、专业师资进修中心、企业区域技术服务中心等功能；与德国卡尔蔡司公司合作，建设精密检测应用技术服务中心，中心拥有长江以北地区唯一的蔡司工业 CT 机，设备从三坐标到工业 CT，能够进行无损检测、接触式测量、非接触式光学检测等多种世界上最先进的检验、检测。精密检测应用技术服务中心是世界名企卡尔蔡司公司在国内高职院校唯一授权的质量管理认证中心。

机械手表机芯高速级进模具是精密模具的代表，也是我国表业多年攻而不下的技术难题。校企双方以重点技术为突破点开展双边、多边技术协作，解决企业"卡脖子"技术难题。以史清卫国家级技能大师工作室 (轻工学院)、李家琦国家级技能大师工作室 (天津海鸥) 为核心，组建表芯精密模具关键技术研发中心，成员包括企业技术骨干、院校专业教师、工程创新班优秀学生。通过科技攻关，研发 8 套海鸥手表新型机芯的高速精密级进模具用于天津海鸥表业新型号机芯生产、工程创新班实践教学、模具设计与制造专业教师能力培训等工作，获得模具行业最高奖"精模奖"一等奖和二等奖各 1 项，并逐步实现机芯零件 100% 自动化冲压，提升企业技术人员科研能力、提升专业教师服务能力、培养高质量技术技能人才，建成国内最强的精密模具研发基地，帮助海鸥手表成为国际一流企业。

共建技术技能创新平台，共研手表机芯零件高速精密级系列进模具项目 35 项，包括 8 套新型机芯高速精密级进模具，其中 1 套获得 2020 年模具行业最高奖"精模奖"一等奖，打破了我国机械手表机芯精密级进模具长期依赖进口的局面，成功替换进口，填补国内空白，同时已开发的高速精密模具实现了 40% 的自动化冲压率，为企业创造经济价值 2 200 万元。2022 年 8 月，在首届世界职业技术教育发展大会上，天津轻工职业技术学院专门向教育部和天津市党政负责人汇报，受到领导的一致好评。

二、对接机械表全生产链，构建"钟表匠"学徒制人才培养模式

天津现代职业技术学院融入多家企业在不同的时间段联合实施"教、训、产"一体化现代学徒制的合作模式，构建中国高端制表工匠分级分类培养体系，实现多层次、多方向钟表技术技能人才的系统化和精准化培养；充分发挥行业的统筹协调能力，全面、科学、充分地对接钟表行业技术技能人才需求，由行业、企业、学校共同确定各层次、各专业人才培养规格、培养方案与教学标准，建立校企联合招生招工、一体化培养、统考出师的中国特色钟表现代学徒培养体系。"教"是指学校完成系统理论和实践的基础教学；"训"是指企业与学校共同参与的技术培训和考证；"产"是指在完成前两步的基础上结合能力考评选拔部分优秀学生进入学校的实践性实训基地完成部分生产性的实践任务以能力提升为主的拔高项目，促进实践经验教育、学历教育与技能教育的深度融合。

融入国际化元素培养高精人才，适应国际化未来发展。聘请世界知名企业及国内具有丰富经验的国际级大师融入教学团队，引进国际化的培训课程体系，尝试实施双语教学，扩宽学生的国际视野，培养国际化人才。建设国际标准化实训基地，按德国或瑞士课程标准配备精密零件

制造和手表维修的世界先进设备与工具，新建钟表制造技术实训室、国际化钟手表制造技能大师工作室，建设瑞士标准钟表维修实训室。借鉴德国钟表匠的人才培养标准、课程和师资；聘请德国格拉苏蒂制表大师担任兼任教师，完成专业课的教学和师资能力提升任务；引进国际先进专业课程教材；翻译、整理德国和瑞士钟表匠教学计划、培训大纲和教学标准，与德国专家共同制定与学生能力相适宜的课程内容和评价标准，开发教学动画和微课视频。

提升学校服务企业能力，促进企业参与职业院校专业建设并反哺教育教学。学校聘请世界顶尖制表技术大师，多次为海鸥表业提供技术服务和技术培训，解决了企业在装配中的多项技术问题，例如手表装配工艺的改革、设备的改进、装配中点油的关键技术问题等；为钟表行业200多名技术人员进行了技术培训，获得中国钟表协会和中国轻工业联合会、相关企业的高度认可，同时提升了企业对学校的认可度，并有效促进了企业参与职业院校专业建设的兴趣。通过专家的技术支持将手表装配中的工艺问题反馈到教学环节，从而改进教学实践和教学内容。

案例三　探索服务多元路径，助力技术技能创新

一、组建信创产教联盟，推动产学研用交流与合作

天津电子信息职业技术学院联合华为、长城、麒麟、飞腾、360、科大讯飞、大数据协会、信创工委会、国防科工协会等行业企业、协会及天津市职业院校等近百家单位，牵头成立天津职业教育信创产教联盟，致力于打造高水平信创人才培养与协同创新综合性平台，推动信创领域产、学、研、用的交流与合作，服务 15 所院校开展国产麒麟操作系统工程师培训、鲲鹏生态人才培训、Atlas 训练营等国产技术培训，推荐院校教师服务"长城信创人才培养专家库"等企业智库建设。联盟在

助力服务津南区国家产教融合型城市试点核心区建设方面更是发挥了积极作用，服务"天津智谷"建设，引入商汤等科技型头部企业落户津南，规划打造 AI+ 产业生态基地，建设赋能中心、科技中心及运营中心三大平台。开展"揭榜挂帅"工作，推动"卡脖子"技术加速攻关，破解中小微企业技术难题 57 项，联合华为及生态企业，面向天津市高等职业学校举办双选会，开展专题教育 12 场，提供岗位近 600 个，服务毕业生 3 000 余人。

学校依托信创联盟准确定位人才培养目标，校企联合制定产教深度融合的人才培养方案，及时更新教学标准，将新技术、新工艺、新规范、典型生产案例及时纳入教学内容，把职业技能等级证书所体现的先进标准融入人才培养方案；整合教学资源，优化课程体系，创新"校企共育、课证融合、职业养成"的人才培养模式，全面推行"1+X"职业技能等级证书制度和中国特色学徒制度"两制"改革，完善"岗课赛证"综合育人机制，推进"引企入教"，促进课程内容与技术发展衔接、教学过程与生产过程对接、人才培养与产业需求融合；进一步发挥企业、高校和科研院所的资源优势，致力于积极优化区域营商环境，促进校企之间结成更为紧密的国际化产教融合校企合作关系，打造能够推动区域经济发展且具有区域特色的产教融合联盟。信创联盟"校企共育、课证融合、职业养成"的人才培养模式见图 8-2。

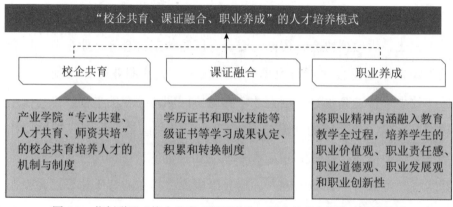

图 8-2　信创联盟"校企共育、课证融合、职业养成"的人才培养模式

天津市职业教育信创产教联盟紧盯"教育服务"和"产业引育"两大目标，促进产教深度融合、校企紧密合作。联盟聚焦信创产业发展对高素质技术技能人才和技术技能创新服务的需求，推动各类主体深度参与人才培养，完善人才供需对接机制，打造技术技能创新服务平台，为相关企业提供技术咨询与服务，促进技术创新、产品升级，打造职业教育信创产业服务平台，动态发布企业人力资源需求、技术研发需求、项目合作需求和学校人才供给信息、科研成果信息等。

二、加强横向技术合作，解决企业生产性难题

天津铁道职业技术学院与中国铁路设计集团有限公司不断深入推进以产业学院建设、技术合作项目为主的校企合作新模式。校企共建校内工程检测产业学院，承接生产性项目，共同开展横向技术合作项目，助力企业解决生产性难题，着力打造"共建共管、成果共享、责任共担"的紧密型产教融合的校企合作模式。

2020年，天津铁道职业技术学院与中铁第六勘察设计院集团公司签约共建了工程检测中心暨铁道建筑产业学院。秉持"校企共建、赋能未来"的理念，产业学院已完成中国计量(CMA)检测61个参数的认证工作，涉及细集料、混凝土拌合用水、土工、岩土化学分析、水质、掺合料等6大类，并同步开展相关工程项目试验认定工作，可满足企业工程检测和学院铁道桥梁隧道工程技术专业的学生工程检测实训、实习需求。

2022年，天津铁道职业技术学院与中国铁路设计集团有限公司开展横向技术合作项目，学校教师发挥在数字化测图、绘图方面扎实的知识与实战经验优势，助力企业高效完成数字化测图的相关项目，解决了企业项目建设中的软件运用及城市绘图等技术难题，为企业节省成本，创收80余万元。学生同步参与项目，不仅将课堂所学理论与实际生产相

结合，而且提高了将理论知识与实践融会贯通的能力、团队协作能力和职业责任心。

三、打造双大师工作室，联合攻关化解钢铁企业难题

天津工业职业学院打造吴新忠大师工作室（主攻方向是冶金节能、降碳、减污），服务企业节能诊断技术升级。天津工业职业学院联合华北理工大学针对河北迁安正大通用钢管有限公司的用能情况提供节能诊断技术服务，从单体设备节能、工序节能、系统节能、管理节能、全厂节能五个层面，结合先进的热工、能耗、管理模型，采取企业自诊、专家会诊、现场诊察、能效测试、建模计算、能效对标、实验分析等方式，对企业生产工艺能耗先进性、生产工序能源衔接合理性、单体设备用能高效性、能源计量及检测实效性、能源管理科学性等方面进行了系统的能源审计及节能诊断。通过查找企业节能点、节能潜力，对用能进行能效评价等，确定改进项目及改进建议，依据企业所提供的资料及数据，结合企业生产实际，制定节能建议或节能项目，形成节能诊断技术报告和节能诊断研究报告。经测算，通过实施节能建议，公司可实现年节约 805 吨标准煤当量，年减排 CO_2 量 2 093 吨；若采用天然气燃烧节能新技术，可实现年节能标煤量 2 250 吨标准煤当量，年减排 CO_2 量 5 850 吨。节能诊断报告得到河北省工业和信息化厅的高度认可，并作为标杆在全行业内进行推广。

天津工业职业学院打造陈太生大师工作室（主攻方向是钢铁冶金产业的烧结、冶炼、轧钢），服务钢铁企业安全生产技术升级。在陈太生大师引领下，天津工业职业学院的师生多次到新天钢钢铁集团有限公司调研、交流，针对 82B 盘条和中厚板生产过程中遇到的实际问题达成合作意向，校企联合成立质量攻关课题组，从金属冶炼到钢板轧制全流程控制钢中有害气体含量、改善铸坯质量，3 项成果获得 2021 年天津市质

量攻关优秀成果一等奖，2 项成果获得 2021 年天津市质量攻关优秀成果三等奖。在现代智能钢铁冶金产业发展的新阶段，冶金节能、减排、降耗的低碳冶金技术的应用与传统冶金烧结、冶炼、轧钢技术构成了新产业形态的两个方面。

两个大师工作室面向钢铁生产全产业链提供技术服务。陈太生是原天津轧三钢铁集团的总工程师，在行业内具有广泛影响力，是天津市钢铁冶金全流程的技术领军人物，陈太生大师工作室聚焦钢铁冶金产业的烧结、冶炼、轧钢全流程提供技术创新服务；吴新忠是原天津轧一钢铁集团的总工程师，是天津市钢铁冶金节能环保领域的行业领军人物，吴新忠大师工作室聚集新时代钢铁冶金产业发展中的节能、减排、降耗、绿色领域提供技术创新服务。两个工作室均由大师领衔，专业教师参加，学生以社团形式参与。两个工作室分别占领了天津市钢铁冶金产业的不同技术高地，在专业群企业技术服务项目覆盖钢铁冶金全产业链方面具有创新性。2022 年，大师工作室开发企业技术服务创新项目 2 项，技术攻关项目 5 项，获天津市质量攻关优秀成果一等奖 3 项、二等奖 2 项。

四、坚持科技特派员制度，服务中小微企业技术革新

天津渤海职业技术学院组建面向中小微企业的科技特派员团队，服务生产领域技术优化、工艺改造、产品中试、成果转化，全面提升科技贡献率。学院每年选拔创新型教师派驻到企业（兼职），在企业担当项目研发经理，完成"专业到企业、项目到产品、成果到效益"的转化；以具体的研发项目为纽带，为学校和企业、专业和产业、教学和实践搭建起沟通桥梁，实现校企无缝对接，服务企业、服务教学；学校制定了一系列科技特派员管理制度，服务企业科技特派员申报、立项、服务企业，推进优质、创新服务；通过层层打造，分级培养，形成校级、校

级优秀、市级、市级优秀四个层次的阶梯式特派员队伍。学院聚焦京津冀区域重点行业，主动融入天津市"一基地三区"建设，服务天津市"1+3+4"现代工业产业体系，深入企业调研，挖掘企业需求。学院与天津市天房科技发展股份有限公司、利安隆（天津）实业有限公司、中检科健（天津）检验检测有限公司、天津博诺智创机器人技术有限公司、天津中科正澎信息技术有限公司等企业紧密对接，服务中小微企业的技术创新。

在服务企业的过程中，学院教师提升了自身教科研能力。学院教师涂郑禹与入驻企业华美节能科技集团有限公司开展"橡塑发泡过程中废料的净化处理研究"合作项目，同时带领李鸿昊等2名学生全程参与项目，锻炼了学生的科研、实操和创新能力。李鸿昊在2022年第七届中国国际"互联网＋"大学生创新创业比赛中获国家铜奖。目前，项目已完成产品小试工作，完成2项专利的申请和1项实用新型。教师王朝臣入驻天津市煜翌食品有限公司，帮助企业解决保健红糖生产中的"瓶颈"难题，制定企业保健红糖生产的GMP、SSOP、HACCP全过程食品安全与质量管理体系，开发了适用于保健红糖加工的挤压机、搅拌机、压片机等专用红糖加工设备，开发并转化玫瑰块糖、红糖姜茶、保健红糖等4项科技成果，且均已形成生产能力，并为该企业培训食品检验员职业技能20人次，培养企业科研人员7人，培养食品加工技术员工5人。教师白岩峰入驻天津博诺智创机器人技术有限公司，负责产品开发、升级等工作，为企业创造55万元经济效益，与企业合作的"智能服务机器人在无人仓储场景下的应用实践研究"获批2022年天津市优秀企业科技特派员项目。

多年来，学院坚持以派驻企业特派员为载体，共与33家企业积极对接，向企业派驻科技特派员共计34人，为企业现场指导、技术示范并解决生产中的各种技术难题，服务中小微企业的技术革新。

案例四　重构专业发展载体，行企校共建产业学院

一、紧密对接国家战略，创建"津电"系列产业学院

天津电子信息职业技术学院聚焦高素质技术技能人才培养和高质量技术创新服务，紧密对接"数字中国"和"国产自主可控替代计划"战略，与华为、麒麟、京东等行业领军企业深度合作，打造"津电"系列产业学院 4 个，实现产业链、创新链、教育链和人才链"四链融合"，依托产业学院重构专业发展载体，精准服务产业发展，切实增强职业教育适应性，实现人才培养供给侧和产业需求侧结构要素全方位融合。

(一)建构"四链融合"的产业学院结构

天津电子信息职业技术学院依托高等职业学校、产业人才联盟、产业创新中心、产业细分领域龙头企业四方建设主体，汇聚教育链、人才链、创新链和产业链四链资源，实现教育、人才、创新和产业各领域的有效融合，探索产业学院共建、共管、共享模式，将产业学院建设成为兼具职业教育(培训)、人力资源、技术创新和产业发展的"四链融合"机构。以"四链融合"的产业学院为途径和载体，打破教育与产业之间的隔阂，实现知识、人才、创新、生产各领域的有效结合，促进教育链、人才链、创新链、产业链互融，推动职教资源市场化运作，见图 8-3。

(二)打造特色专业群系列产业学院

天津电子信息职业技术学院主动调整专业结构，深化专业内涵建设，加强特色高水平专业(群)建设，重点围绕天津市信息技术应用创新产业和"1+3+4"现代工业产业体系进行核心技术攻关，提升核心产业竞争力，突出学校优势，着力打造软件技术、物联网技术、电子商务和工业互联网应用等 4 个特色优势专业群，推动专业集群式发展，以群建院，打造华为鲲鹏、信创、京东商贸和海尔智能制造 4 个"津电"系列产业学院，见图 8-4。

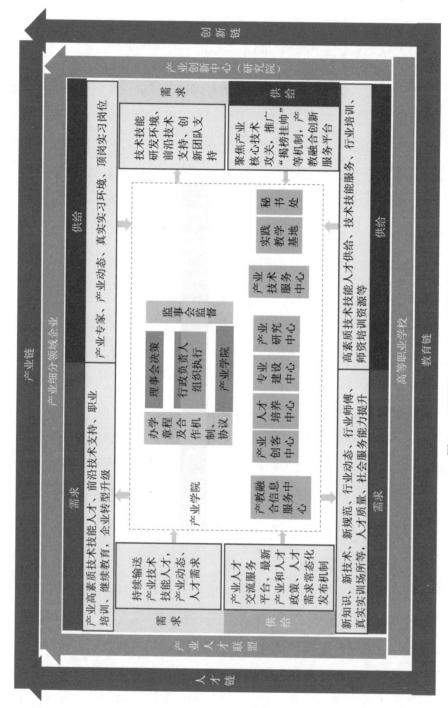

图 8-3 "四链融合"的产业学院结构

图 8-4　产教融合共建产业学院

二、立足文化产业园区，共建国家动漫园产业学院

天津市职业大学自 2019 年起，与天津生态城产业园运营管理有限公司合作，创新产教融合运行机制和人才培养模式，提升服务产业转型升级能力，共同创建兼具人才培养、社会培训和技术服务功能的国家动漫园产业学院。天津生态城产业园运营管理有限公司在动漫园区内提供实训教学场地，搭建企业项目平台，联合园区企业共建"数字创意产业联盟"，提供相关教学软件、企业课程、企业导师等企业化教育教学资源，为创新分段交替式教学模式创造良好的教学资源和教学条件，将动漫园产业学院打造成中新生态城的技术技能人才培养基地和职业技能培训基地。此外，天津生态城产业园运营管理有限公司联合天津市职业大学、腾讯科技(深圳)有限公司共同签约组建沙盒创作者联盟，依托国家动漫园沙盒游戏产业发展基地、腾讯沙盒品类艾兰岛项目和国家动漫

园产业学院，在游戏开发与制作、语言编程、产品宣发、职业技能标准的制定和输出等多个领域展开深度合作，为游戏设计与制作、程序开发、游戏场景设计、UI设计等岗位培养更多复合型技术技能人才，更好地服务中新生态城、滨海新区经济社会发展。

专业课程精准对接岗位，学习过程对接工作流程，精准培养学生的专业技能与可迁移能力。通过企业与学校的共同努力，实现教学内容与职业标准相对接，把岗位职业标准和要求融入学校专业课程建设与实践平台建设，企业从课程的培养目标、课程内容选择、课程方案制定、师资队伍、软硬件条件等方面全方位参与学校的课程实施，实现教学活动与企业的生产经营活动深度融合。学校积极培养符合企业要求的毕业生，为学生的进一步发展奠定坚实的基础，使学生拥有相关行业、企业所需要的职业能力和创新能力，同时培养学生具备专业细分岗位的可迁移能力。

以学生为中心，根据学生的职业兴趣，促进学生职业生涯发展。根据学生学习知识的基本规律及知识本身的特征，学校与企业探索出了"校内教学1.5年＋产业学院教学1.5年"的人才培养模式，在不同学习阶段，针对不同的课程，采取不同的合作模式。

培养学生的工匠精神和团队精神。国家动漫园产业学院将培养数字创意行业高素质技术技能型人才作为根本任务，勇于担当、敢于作为，为培养适应产业和行业发展、蕴含工匠精神的高素质技术技能人才做出应有的贡献。产业学院将企业文化建设作为培育学生工匠精神的重要抓手，将企业文化中的创新精神、敬业精神、团队协作精神融入专业教学中；开展"企业家进校园"主题活动，培养学生"学必求其心得，业必贵其专精"的企业精神；以"师带徒"的方式传授技艺，聘请数字创意行业的专家对学生开展个性化精细培养，通过活态传承、口传身授，让学生心中有职场、手中有专长，突出发展学生的一技之长，使学生真正精通一门技能。

三、紧扣行业最新科技，共建智慧新居住产业学院

天津国土资源和房屋职业学院与行业龙头企业贝壳找房 (北京) 科技有限公司共建智慧新居住产业学院，共建虚拟仿真实训基地，全面实施行业人才多元共育。贝壳找房利用在居住领域的创新引领优势，将新居住行业最新虚拟科技与职业教育融合，打造以贝壳 VR、AI 技术为支撑的虚拟仿真教学环境，全额投资 100 余万元建设贝壳新居住虚拟仿真实训基地，实现多虚拟仿真交互场景切换的沉浸式体验；通过线上线下资源整合，实现产、教、学、研、训一体化，打造集学生技能实践、创新创业教育、教科研、行业培训于一体的综合实训基地，育训并举取得显著成效。基于虚拟仿真实训基地，由企业结合房地产实际业务需要开发三维虚拟实训动画，校企教学团队共同开展课程建设，实施课堂革命，帮助学生融入实际工作过程，感受真实工作场景，提升实践能力。校企共建"1+X"证书试点和考核站点，学生参与"贝壳杯"首届全国大学生新居住数字化创新大赛，获得全国一等奖 1 项、二等奖 2 项，创新能力与专业实践能力得到了显著提升。

案例五　聚焦关键技术项目，科教融汇协同创新

一、服务大国重器自主应用，打造技术创新样板与范式

天津电子信息职业技术学院与天津七一二通信广播有限公司在北斗卫星导航领域深度合作，服务北斗"大国重器"自主应用。校企共同研发的 GBAS 设备使北斗卫星导航系统第一次实现了在民用航空领域的测试应用，首次实现"五个国产化"的结合，取得国内同类设备第一张无线电发射设备型号核准证。天津电子信息职业技术学院参与服务北斗国际民航组织标准化，为北斗系统正式写入国际民航组织标准做出重要贡献。校企合作培养的学生在北斗专门竞赛中屡获佳绩，人才培养质量备受业内好评。

（一）产业导师特聘引领、校企大师双核培养

学校聘请北斗卫星导航领域知名专家东南大学陈熙源教授和天津七一二通信广播有限公司董国军等一批国务院特殊津贴专家、天津市有突出贡献专家担任产业导师、特聘专家。校企共同组建了一支具有项目研发技术服务能力的协作型教学创新团队，由学校杨阳教授、天津七一二通信广播有限公司范乃成高级技师两位全国技术能手、天津市技能大师共同领衔教学创新团队，完成产业高端技能人才培养工作。学院建立了校企"共聘共育""双栖制"的团队建设机制，将北斗卫星导航系统相关的新技术、新工艺、新规范纳入人才培养过程，将北斗卫星导航产品研发项目案例有效转化为教学资源，为"北斗精度"源源不断地培养产业高端技能人才。

（二）打造"一坊一室两基地"产教融合基地建设新模式

"一坊"即打造"北斗卫星导航工匠工坊"，依托产业导师特聘引领、校企大师双核培养，服务企业，培养北斗卫星导航系统研发与产业化、标准化、应用推广及测试认证等方面的产业高端人才；"一室"即搭建"北斗卫星导航联合实验室"，与天津七一二通信广播有限公司进行联合实验室共建，对接"大院大所"，联合北京航空航天大学、国家空管新航行系统技术重点实验室等高校及科研机构，以项目协作的方式，在软件研制、标准建设、数据标注、设备调试、知识产权保护等方面通力合作，促进重大专项的融合发展；"两基地"即建设"北斗卫星导航产教融合实训教学基地""北斗卫星导航产教融合研发教学基地"。实训教学基地服务于培养软件技术、计算机网络技术、现代通信技术、物联网应用技术等专业北斗产业领域的服务型技术技能人才。研发教学基地服务于培养北斗卫星导航系统工程样机研制生产、系统联试及军民航领域拓展工作的专门化技术技能人才。"一坊一室两基地"产教融合基地建设新模式见图8-5。

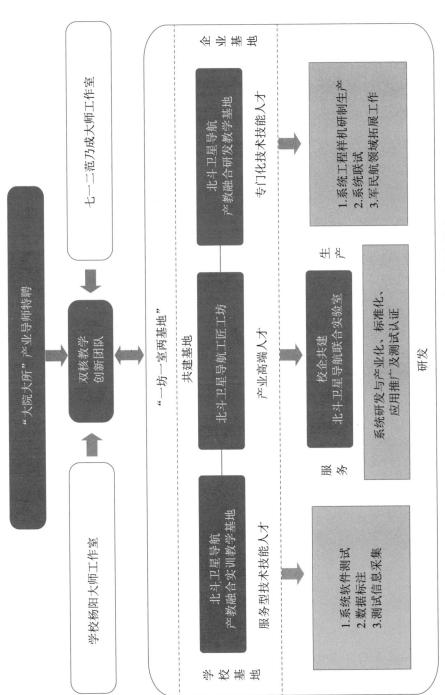

图 8-5 "一坊一室两基地"产教融合基地建设新模式

（三）推进卫星导航国产化落地，构建北斗系统实践教学体系

着眼于国家安全和经济社会发展需要，自主建设独立运行的卫星导航系统，校企积极将生产项目研发案例资源反哺教学应用。在标准应用、工具开发、系统使用、设备测试等方面全部实行国产化闭环式实践教学管理，培养学生的安全意识，同时大力弘扬北斗精神，将课程思政融入日常教学实践中。校企合作开发了"北斗卫星导航原理基础实训""北斗卫星导航定位应用实训""北斗卫星导航定位综合应用实训"等覆盖北斗导航产品设计制造全过程的实训项目，形成较为完整的北斗导航系统实践教学体系。

（四）校企协同创新，彰显技术服务能力之"强"

校企协同创新不断推进，"北斗卫星导航产教融合基地"已建设成为集人才培养、团队建设、技术服务于一体，资源共享、机制灵活、产出高效的人才培养与技术创新平台。校企共同参与，服务北斗国际民航组织标准化，为北斗系统正式写入国际民航组织标准做出重要贡献。校企合作完成"基于北斗GBAS设备系列"等专利8项，其中授权发明专利4项、实用新型专利1项；完成计算机与软件著作4项，专业论文10余篇（两篇SCI论文）；完成省部级科技支撑重点研究课题3项，其中1项成果被鉴定为国际先进水平。团队成员主持起降引导项目，首次实现国内大型无人机基于北斗RTK自主起降；主持完成监测采集及分析项目，跻身该领域国内第一梯队。校企共同研发的国内首套民航GBAS VDB设备通过民航认证，取得了国内同类设备第一张无线电发射设备型号核准证。校企合作服务民航项目在山东东营机场、浙江舟山机场等多地部署应用，共同研发的GBAS设备首次在中国完全自主设计并制造的支线客机ARJ21-700成功通过试飞测试，国产相关系统性能达到国外同类系统国际先进水平，其中瞬态和快速定位指标居国际领先地位。在国产北斗卫星导航系统、国产大飞机、国产GBAS地面设备、国产机载

MMR 及国产电台方面首次实现"五个国产化"结合，获中央电视台和新华社的广泛报道。校企合作研发的性能更高的 GBAS III 设备，作为国内第一家 III 类 GBAS 精密进近设备成功部署民航山东东营机场，获得第 20 届国际 GBAS 工作组会议好评。2022 年，团队研发的 GBAS 作为十大应用场景之一参加第六届世界智能大会。

二、探索突破生物医药和精准诊疗技术难题，提升科研创新转化效能

天津医学高等专科学校以"双高"校建设为契机，以天津卫生职业教育集团"产学研创合作项目"为载体，针对卫生职业教育科研创新平台建设相对薄弱，协同创新机制和教师学生激励机制有待完善，学校创新能力和服务能力有待提高等问题，深化职普融通、产教融合、科教融汇，着眼于健康中国战略中构建"服务生命全周期、健康全过程"的新任务，立足于解决国家卫生健康产业急需和技术技能人才培养等"卡脖子"问题；依据医药卫生健康产业需求和健康天津建设要求，聚力打造产教科城融合技术技能创新服务平台，聚焦精准对接医学全产业链，稳步推进产业链、创新链、人才链、教育链紧密对接，探索"技术技能培养＋科研创新转化"服务健康中国产业发展之路。

天津医学高等专科学校充分发挥天津卫生职业教育集团的平台优势，集聚天津市卫生健康委员会、南开大学、天津大学、天津医科大学总医院、杭州谱育科技发展有限公司、天津金域医学检验试验室、博奥赛斯生物科技有限公司，对接国产质谱研发、国产试剂研制、操作标准、数据标准、临床诊断应用技术开发全产业链，将职业教育与普通高校融通、产业发展与专业建设同步规划、科技创新与人才培养相互融汇，建立集校企合作平台、技术技能创新平台、创新人才培养平台"三位一体"的生物医药技术技能创新平台，组成中国质谱应用技术产学研

用集团军。学校徐亮教授挂帅，打造生物医药创新服务平台，积极推进质谱技术国产化，探索质谱技术在基层医疗卫生服务领域的应用转化和质谱领域匠人的培养。学校自主研发了均相化学发光技术和临床质谱样品前处理技术，相关仪器、试剂盒与核心原材料已实现产业化。

(一)研发质谱相关仪器设备

学校与杭州谱育科技有限公司合作研发了超高效液相色谱串联三重四级杆质谱仪(LCMS)，联合推出了教学型 LCMS 仪器，目前已投放市场，助力大型精密仪器的匠人培养。学校针对 LCMS 的应用需求，自主研发了 LCMS 配套样品前处理设备，可实现包括固相萃取、液液萃取、蛋白沉淀、磁固相萃取等在内的 LCMS 样品前处理操作。学校基于以上研发与杭州谱育科技有限公司、威高国科质谱医疗科技有限公司、天津智谱仪器有限公司合作，已帮助企业实现销售收入 5 000 万元以上。

(二)研发质谱相关试剂耗材

学校研发 HPLC、UHPLC 和 UPLC 色谱柱，为各种临床应用项目提供精准且高性价比的色谱柱，性能比肩或优于 Waters、Agilent、Thermo 等国际著名厂家；研发前处理耗材，包括 SPE、多孔板 SPE 和磁珠，为各种临床应用项目提供精准且高性价比的 SPE 和磁珠，性能比肩或优于 Waters、Agilent、Thermo 等国际著名厂家。学校基于此项工作与浙江伊普西隆生物科技有限公司、贵州盛世康生物科技有限公司合作，已帮助企业实现销售收入 3 000 万元以上。

(三)提供基于质谱技术的代谢组学科研服务

学校生物医药创新服务平台目前可以提供对短链脂肪酸、氨基酸、维生素、激素、磷脂等数百种内源或外源性物质提供精准定量检测，技术水平同步美国耶鲁大学；技术服务于天津市安定医院、天津大学、天津医科大学、南开大学、天津市环湖医院、天津市胸科医院，为以上单位提供代谢组学检测服务。2022 年，团队紧密对接国际头部企业，嫁接国际顶尖技术，开展应用技术研发，将质谱技术与人民健康紧密对接，针对"一老一小"高发病开展早期诊断技术研究、中药组分研究，推进中药现代化；加速质谱仪和质谱检测国产化进程，打造了一支具有国际视野的多学科研究队伍，抢占精准医学研究高地；开展横向课题 6 项，累计到账经费 63.3 万元；开发生物医药新技术 7 项，申请国家发明专利 1 项，发表 SCI 论文两篇，为医院、企业创造收益 2 508 万元。

三、校企共研"揭榜挂帅"科技项目，突破电网组塔关键技术

天津中德应用技术大学应对产业升级的关键技术创新，学校刘志东副教授主持承担国网天津市电力公司"揭榜挂帅"科技项目"220 千伏直线塔塔型优化及组塔机器人样机开发关键技术研究"，创新研究分段组塔自动对接装置、智能组塔机器人样机、地面操控系统等关键技术，研究成果将智能组塔机器人技术应用于输电线路铁塔建设施工领域，立项经费 323 万元。

智能组塔机器人是一套基于人工智能理念的自动化组塔施工装备系统，由自动对接模块与脱钩单元、机器人攀爬单元、机械臂螺栓智能识别与紧固单元、远程操作平台组成。该系统采用人工智能、多感知融合识别与监测、高适应性折展结构等先进技术，集自动识别、智能感知、协作机器人、人机交互多功能于一体，具备铁塔建设、运维、巡检等多场景应用功能，该系统的成功研发填补了机器人在电力建设组塔领域的空白。

智能组塔机器人面向工程现场，实现了实践工法创新。该系统紧紧围绕输电线路铁塔建设工程现场的实际需求，解决了流动式起重机分段组塔中的塔段对接、机器人爬塔、螺栓螺母紧固连接等工程问题，可有效解决输电线路建设过程中铁塔组立阶段"高空作业人员安全风险大"

这一突出问题，同时，可提高电力铁塔建设效率、保障施工质量、降低人力成本。除此之外，智能组塔机器人开发的技术基础和实践经验，未来还可广泛用于输电线路铁塔的机械化运维和巡检等领域，提高输电线路建设与维护的自动化、智能化水平，彰显智能建造发展成效。

智能组塔机器人有效解决了输电线路铁塔组立过程中的高空作业安全风险大、人员管控难、施工成本高等突出问题，项目研究具有显著的社会价值。2022 年以来，该项目相继接受教育部部长怀进鹏、天津市教育两委、天津市科学技术局、天津市工业和信息化局等领导的现场调研。天津广播电视台对项目实施过程和进展进行了视频报导，该项目还受到《人民日报》、新华每日电讯、《中国教育报》、津云客户端等平面媒体的关注。

案例六　聚焦民生需求，强化康养服务成效

一、政行企校协同，创建"健康照护人才服务"天津模式

天津医学高等专科学校以健康照护研究中心、健康照护人才培养基地、健康照护培训与服务平台建设为抓手，统筹推进健康照护师新职业落地，形成标准化、规范化、品牌化的健康照护人才服务模式，助力健康天津建设。

（一）建立健康照护研究中心，加强照护标准资源建设

学校在中国研究型医院学会、天津市护理质控中心专家的指导下，在天津市卫生健康委员会领导下，联合天津市护理质控中心、天津市泰达心血管医院等高水平行业机构，建立健康照护研究中心，主要从以下两方面开展了健康照护研究工作。一是开展健康照护师新职业标准制定与发展潜力的研究工作。从家庭、社区、机构三方面入手，调研健康照护师数量需求及职业要求；综合经济发展、健康老龄化需求、生活照料

需求等相关影响因素，对未来 5 ～ 10 年健康照护师需求进行预测。二是构建健康照护师人才"分层培养、育训结合"的培养培训体系。研究中心依托护理重点专业群，整合护理、康复、营养、针灸推拿专业资源，对应健康照护 1 ～ 5 级能力要求，通盘考虑学历教育、岗前培训、岗位培训、继续教育不同需求，将健康照护师人才培养培训与卫生职业教育体系相衔接，指导专兼职教师团队开发模块化教学资源和实践实训环节，制定健康照护人才培养培训技术、服务标准、职业岗位标准，为健康照护人才培养提供标准和资源保障。

（二）建成健康照护人才培养基地，校院合一，共育照护人才

学校在天津市卫生健康委员会的领导下，特别是在天津市人力资源和社会保障局的鼎力支持下，与中国研究型医院学会、天津市护理质控中心、天津市第四中心医院、泰达国际心血管医院，以及相关行业协会、培训机构、企业通力合作，组建健康照护师学院（产业学院）。学校围绕健康照护培养培训体系建设和人才培养，按照政府主导、产教融合、行业管理的原则，整合天津市医疗、养老、培训等优质资源，建立政府、行业、企业多元化投资办学格局，将健康照护人才培养培训、师资队伍、基地建设等纳入行业统筹管理，形成了管理、教学、资源"三融合"的命运共同体，整合了行业内培训教学资源，充分发挥了学校和医疗卫生机构各自的优势，较好地开展了健康照护人员培养培训，满足了健康照护人才培养需求。

（三）建立健康照护培训和服务平台，发挥市场资源配置功能

学校牵头天津卫生职业教育集团，充分发挥天津市中健职业培训学校、泰心康护（天津）健康管理有限公司、高等教育出版社智慧职教等机构在健康照护人才派遣与管理、健康照护信息化资源建设方面的优势，校企共同建立健康照护培训和服务平台，建设灵活的在线学习资源，满足不同学习者的学习要求。合作企业对接不同卫生服务机构、社

区、家庭，依据需求进行派遣，实现了招生、培养、就业一站式服务，同时通过培训学员个人信誉系统的积累，培育金牌健康照护员等高端人才，树立健康照护领域企业品牌和个人品牌，以品牌带动健康照护行业发展。

天津卫生职业教育集团通过健康照护研究中心、健康照护人才培养基地、健康照护培训与服务平台实现健康照护产教融合共同体建设。政府部门前期引导，市场中间推动，最终实现行业管理，使健康照护产业链、教学链、人才链、创新链紧密衔接，被《中国教育报》显著位置刊登，并被"学习强国"学习平台转载，受到广泛关注。

二、医教协同、五业联动，打造养老产教融合共同体

天津城市职业学院智慧健康养老服务与管理专业积极对接养老服务产业，统筹服务专业教育、产业转型、行业协调、职业选择、企业发展，建立政、行、企、校、研"五方携手"的合作机制和产业、行业、企业、职业、专业"五业联动"的运行机制，探索形成共建、共管、共享、共研、共赢的产教深度融合机制体系，创新"五方携手、五业联动、产教对接、学训交融"的人才培养模式，促进产业链、教育链、人才链、创新链"四链融通"。

（一）发挥行业指导委员会的整合作用，推动产学研深度融合

学校依托养老专业办学特色优势，充分发挥学院作为"京津冀养老专业人才培养产教协作会""天津市养老服务行业职业教育教学指导委员会"两大专业（行业）指导委员会秘书处的职能和整合作用，打造"四共一全"的产教融合路径，即校企共同修订人才培养方案、共同开发课程及教材等教学资源、共同打造教学团队、共同建设校内外实训基地，企业全过程、多方位参与人才培养，有效实现"四对接"，即养老专业

建设与养老职业岗位对接、专业课程建设与养老岗位职业标准对接、教学过程与养老工作过程对接、教学项目与养老工作任务对接；参与开发失智老年人照护"1+X"职业技能等级标准、教育部《职业学校老年专业实训教学条件建设标准》和《中职智能养老服务专业教学标准》等，连续组织六届京津冀、津台养老等论坛，推广10余项横向课题及产教融合项目，有效推动了产业与专业、行业的深度融合。

（二）发挥养老特色优势，推动学历教育与职工培训相融相促

学校依托养老育幼办学特色优势，对接天津市现代生活服务业的发展战略，政、行、企、校协同开发面向职工的职业技能提升和服务终身教育的社区培训等培训项目，并根据行业和企业需要建立培训项目动态调整机制。2022年，学校面向天津市民政系统及养老机构开展业务骨干培训5 000人次；与天津市河北区街道、民政局、统计局等民生部门合作开展老年能力评估、失能评定等专项服务，年均服务1 500余人次；服务乡村振兴，开展养老护理人员、社会工作人员等职业能力提升项目，辐射5类人群，累计培训4 500人次；承办"第二届'海河工匠杯'技能大赛全国养老护理职业技能大赛天津赛区选拔赛"，选拔指导4名天津代表队选手参加全国职业院校技能大赛并获得二等奖2项，着力打造养老服务行业的"海河工匠"。

学校与天津鹤童公益养老集团共同成立"天津城职鹤童社区康养学院"，以"两新"引领合作发展：一是注重融合职继协同的新理念，依托双方优势和特色，立足职业教育产教融合、校企合作和工学结合，深化养老专业建设和人才培养，实现以"云课程＋智能技术＋虚拟现实"为主的教育手段新组合与"训练—知识检验—训练"互补；二是注重发挥平台优势，形成协同联动新局面，推动社区居家养老专业人才培养与养老服务协同发展、深度融合。天津新闻重点报道了学院"产教融合 赋能智慧养老"工作。

三、"小棉袄"关爱行动，推进社区智慧助老

天津商务职业学院青年志愿者协会深入社区，开展全民助老"小棉袄"关爱行动主题活动。志愿者们首先以视频的形式讲解日常网购、线上挂号、扫码付款的支付方式，以及微信音视频通话的连接方式，并细心地为老年人面对面教授具体操作流程，帮助老年人跨越数字鸿沟，提供了优质、贴心、直接的便利服务，让老年人在信息化发展中有更多的获得感、幸福感和安全感。为提高老年人对电信诈骗的安全防范意识，学校志愿者还开展全民助老"预防电信诈骗"主题活动，通过讲解诈骗案例、组织观看警示教育片，大力宣传电信诈骗对人身和财产安全的危害，提高老年人基本的防范意识和识破诈骗的能力。在走访中，志愿者们与老人亲切交谈，以喜闻乐见的方式为老人讲解数字技术为百姓日常生活带来的便利，以及智能手机的基本使用方法，帮助老人下载支付宝、国家反诈中心等便民服务 App，与老人们进行"零距离"沟通，让老人感受网络时代的精彩与便捷，真正实现老有所学、老有所乐。

案例七　传承创新非遗文化，彰显天津传统文化时代价值

一、共建泥人张彩塑工作室，助力天津非遗文化技艺传承

天津中德应用技术大学与泥人张彩塑工作室签署战略合作协议，彩塑工作室派遣陈毅谦大师协助艺术学院筹备建立了工艺美术本科的彩塑专业方向。2021 年，学校聘请泥人张彩塑工作室工艺美术大师杨志忠、陈毅谦为特聘专家，同时成立了陈毅谦彩塑工作室。教师团队成员为学校艺术学院工艺美术彩塑方向的 2 名青年教师及泥人张彩塑工作室的青年艺术家。目前，彩塑工作室已培养彩塑方面的学生 100 多名，推动天津泥人张彩塑技艺的传承。天津特有的泥人张彩塑技艺在天津中德应用

技术大学艺术学院生根发芽，成为学校精品特色课程。

为推动传统工艺繁荣振兴，更好地发挥中国工艺美术大师引领发展的重要作用，中国轻工业联合会、中国工艺美术大师工作委员会在潮州召开2021年中国工艺美术大师工作会议，宣布天津中德应用技术大学等12家单位为"中国工艺美术大师传承创新基地院校"。2022年，中国轻工业联合会授予天津中德应用技术大学特聘教授、中国工艺美术大师陈毅谦"2021年度'百名大师进校园活动'优秀大师"称号。

天津中德应用技术大学工艺美术彩塑专业方向2021年、2022年两届毕业生中，宋佳杰考入景德镇陶瓷大学攻读硕士研究生，董雨鑫赴意大利留学攻读硕士研究生，侯晓媛考入天水师范学院，牛俊迪等三人赴和田职业技术学院任教，其他同学进入相关行业就业。

2022年7月22日，中国工艺美术学会批准了新建彩塑艺术专业委员会的方案。彩塑艺术专业委员会落户天津中德应用技术大学艺术学院，由中国工艺美术学会、北京天马旅游集团、天津中德应用技术大学三方共建，聘请时任文化部副部长王文章、中国美协徐里书记和陈毅谦作为主任专委会的主要成员。彩塑艺术专业委员会依托天津特有的泥人张彩塑艺术，助力中华优秀传统文化的传承和发展。

二、共建杨柳青年画大师工作室，创新天津非遗文化的数字化传承

天津工艺美术职业学院联合天津杨柳青画社，为继承与发展天津本土"非遗"项目，在主办方天津市文化和旅游局的大力支持下，在校内建立了"杨柳青年画大师工作室"。特聘杨柳青木版年画国家级代表性传承人王文达先生与天津市非遗传承人高级工艺美术师陈玉华、赵影先生入驻大师工作室，并来校传授杨柳青木版年画勾、刻、印、绘、裱诸项非遗技艺。杨柳青年画大师工作室秉承"以老带新，传承有序"的理

念，发挥双方专长，校企合作开展杨柳青木版年画和木版水印画的传承保护工作。学院师生依托画社丰厚的实物藏品和体系完整的活态传承技艺，举办了系列课程实践、社会实践、体验实践及互动多媒体开发实践活动。

学院参与天津市非物质文化遗产数据库信息调研建设项目，通过对天津杨柳青画社木版水印技法、存续情况、所处地理环境、历史渊源、重要价值及所存在的问题等方面的调查，掌握非遗项目当前生存概况和发展所亟须解决的问题。调研工作加强了天津市非遗数据库资源建设，同时与学校工艺美术品设计专业课程资源建设相结合，为相关专业建设与发展提供了有利契机，也为师生深入传统文化研究搭建了平台。

学院注重发挥数字媒体艺术专业群的技术优势，依托杨柳青年画大师工作室资源，致力于天津传统文化的活态传承研究，将富有地域文化特色的杨柳青年画题材、形象、制作技巧等元素应用到 MG(motion graphics) 动画创作、周边衍生品开发和交互界面设计等新媒体领域，让蕴含古老技艺的杨柳青年画传统民间文化融入现代生活，包括利用生动、有趣的 MG 动画展现杨柳青年画的历史和工艺流程；通过快捷、实用的杨柳青年画知识 App 实现随时随地使用手机查询杨柳青年画相关知识；使用憨态可掬的年画娃娃形象制作诙谐幽默的微信表情包；利用二维和三维动画讲述杨柳青民俗故事；制作可爱的杨柳青年画娃娃玩偶，打造老少咸宜的萌宠；用人机交互的形式带领观众身临其境感受传统文化；利用虚拟漫游技术 VR 还原古代繁荣的杨柳青古镇面貌，等等。

2022 年，天津工艺美术职业学院数字创意中心着力进行天津非遗文化数字化传承领域的探索，以对天津杨柳青画社藏品的数字化采集为手段，以基础文化资源梳理为契机，整合杨柳青年画中优秀的传统文化元素，形成可持续生成的文化 IP 功能包；通过开发、运营转化文化消费产品、场景、跨界输出及消费流量，带动天津市地域文化引领和输出，实现文化和产业的融合与发展；以全新理念诠释年画元素，结合古人的智慧和今人的愿景，探索传统文化的现代表达，打通 IP 赋能动态产业链条，助力中国文化产业的创新发展，实现传统文化创造性转化和创新性发展。

学院紧密依托天津市数字经济转型背景，秉承"服务天津、挖掘本土优质文化"的理念，以文创产品数字化开发为抓手，以杨柳青年画 IP 的非遗传承为切入点，将非遗文化的衍生品开发作为研究课题和实训项目，通过"教、学、训"互动的教学方式引入课程，引导学生对天津市非遗文化进行实地考察、内涵挖掘、元素提炼、设计制作、商业转化全过程参与，培养学生的创意设计能力、产品研发能力、商品制作能力、策划推广能力。"哏儿都娃娃"原创 IP 形象的创作灵感来源于杨柳青年画中的娃娃，以卡通变形的手法进行全新设计，并以代表天津的"哏儿都"命名，见图 8-6。"哏儿都娃娃"项目是天津工艺美术职业学院大学生创新创业课程实践活动项目，以在校学生为团队主体，由创业导师引领创作而成。该实践项目的主要任务是以"哏儿都娃娃"IP 为原型，将设计变为产品，创立文创品牌，推进衍生品的开发，并通过多种渠道对品牌形象进行宣传与推广，促进产品销售，目前已完成形象版权认证、专利申请、商标注册、公众号推广、线上销售。"哏儿都娃娃"已入选"天津礼物"，成为天津工艺美术职业学院非遗文化的衍生品开发的成功案例。"哏儿都娃娃"主创杨诺老师携系列非遗衍生品参加国际文创产业博览会的场景见图 8-7。

图 8-6 哏儿都娃娃

图 8-7 "哏儿都娃娃"主创杨诺老师携系列非遗衍生品参加国际文创产业博览会

案例八 完善育训并举模式,持续提升职教贡献度

一、共建风光储 VR 虚拟仿真系统,联合开展专业人才培养培训项目

天津轻工职业技术学院新能源专业群充分发挥新能源协同创新平台效用,校企双方共研共建风光储 VR 虚拟仿真系统,联合开展专业人才培养培训项目。风光储 VR 虚拟仿真系统通过 3D 建模、VR 等技术呈现

风、光、储综合应用场景，真实展现其组成结构与运行原理。该系统的研发弥补了企业技术空白，为企业进军风光储市场奠定了坚实的基础，推动了企业在风光储能产业领域的技术积累，培养了一支理论过硬、软硬结合的风光储应用与运维团队。同时，天津轻工职业技术学院的专业教师提高了科研能力，将仿真系统服务于光伏工程技术、风力发电技术、机电一体化技术等专业教学，利用该系统，专业教师团队获得天津市教学能力比赛二等奖 1 项，获得计算机软件著作权等级证书 1 项。通过"虚实结合，实训实践"的培养模式，校企双方联合开展培训项目 20 多个，培训人员 1 200 余人次。

天津轻工职业技术学院与天津圣纳科技有限公司共建专兼结合的高素质、高技能、专业化教学团队。通过"双师型"专业教学团队建设，团队专任教师双师素质比例达到 100%。教学团队实行校企互聘，共同在教学任务、人才培养方案、课程开发、课程标准制定、企业技术革新等方面取得了多项成果，实现了校企资源共享、互惠共赢。2022 年 2 月，校企共建企业教师实践工作站，以工作站为依托和平台，学院教师每年深入企业参与生产实践、科技研发、技术服务等工作，建立企业导师制，企业技术骨干与教师师徒结对子，实现实践活动连续不断线，全面提升教师专业实践能力和科研创新能力。学院组建光伏发电技术与应用专业国家级职业教育教师教学创新团队，引进企业技术骨干参与教学工作，支持"双师型"教师队伍建设，校内教师采取"课程＋教学＋实践"的真实企业教学模式，有效提高了理论教学和实践教学的实施效果，促进教育教学改革和人才培养模式的转变，对接产业需求，提升了人才培养质量。

二、打造"专—本—硕—博"医学实验室，构建"技术技能培养＋科研创新转化"模式

天津医学高等专科学校建设医学实验室，耶鲁大学医学院临床质

谱方向的高级访问学者、天津市131创新型人才培养工程第一层次人才、天津市五一劳动奖章获得者、博士生导师徐亮教授牵头，主持或参与国家级、省部级和企业合作课题20多项，累计获得科研经费1 000余万元，授权国家发明专利3项，已发表文章50余篇，受邀为10余部国际期刊审稿。学校的生物医药创新服务平台，除了承担技术技能应用型人才的培养工作，还承担了天津医科大学、天津中医药大学、天津科技大学的硕士和博士研究型人才的培养，成为师生共研的医学"专—本—硕—博"复合实验室人才培养平台。对应基础科学研究、应用研究与技术开发、技术向商品转化三个环节，学术人才、工程人才、技术技能人才通力合作，普通教育、职业教育深度融合，学生创新能力不断提升，其中刘冀阳同学以第一发明人身份申请国家发明专利1项，发表SCI论文1篇。

与此同时，针对目前产业急需和技术技能人才培养"卡脖子"问题，加强质谱模块化课程建设，建设虚拟仿真资源，项目入选国家级虚拟仿真实践教学建设项目。2020年8月，学校建成全球首个基于VR技术的质谱虚拟仿真实训项目，质谱产学研用合作平台(中药项目)成功入选国家职业教育虚拟仿真示范实训基地。2022年，学校通过职教国培项目对50所学校骨干教师开展质谱应用技术培训，将"技术技能培养＋科研创新转化"模式推广至全国，受到广泛好评。

三、开展规模性社会培训，持续发挥职业教育服务社会的功能

天津交通职业学院高度重视社会培训工作，近年来，以"双高""创优赋能""提质培优"等建设项目为载体，逐步完善政、行、企、校协同工作机制，持续开展面向区域的企业、社会重点群体的典型性定制化培训，以及职业技能等级培训、认定等社会培训项目，助力区域经济及企业发展。

（一）整合学校资源，开展规模性社会培训

学院充分发挥综合交通领域实训设施设备及优秀师资优势，积极拓展培训业务，开展企业典型性、定制化培训；充分发挥交通运输部职业资格认定、评价资质，在天津市交通运输委员会的支持和指导下，与相关分院为天津市武清区等区域内企业开展道路施工现场管理人员、公路养护工等培训认定，全年完成近千名企业职工的培训认定；精准施策，以远程线上模式为上海建工、中铁十八局等世界五百强企业提供培训服务，使企业的需求得到了极大满足。学院还利用一年一度的"普通话宣传周""全民终身学习活动周"等活动，采取"请进来，走出去"的模式，与周边企业、社区合作开展社会培训。培训服务工作获得企业的高度认可，并为后续校企更深层次合作奠定基础。

（二）积极承办赛事，搭建技术技能人才培养培训平台

2022年，学院机械工程学院、汽车工程学院成功承办天津市第三届"海河工匠杯"技能大赛双碳节能减排、车身修理、汽车维修三个赛项，同时被确定为车身修理、汽车维修赛项国赛选手培训基地。通过赛事平台，学院培养出天津市五一劳动奖章、天津市技术能手3名，3名教师成为天津市全国职业院校技能大赛选手教练员。赛事的成功举办激发了区域内企业以赛代练、不断提升技术技能水平的热情，也为企业转型创新及稳岗做出了积极的贡献。

案例九　多渠道发力，精准培养技术技能人才

一、对接企业发展需求，批量培养现场工程师

天津中德应用技术大学与国防科工企业中国人民解放军五七二〇工厂（以下简称"五七二〇工厂"）合作，采取"3+1"培养模式，批量培养现场工程师。通过前期深入对接，了解到企业对航空维修师人才的需

求，开展特种技能人才和现场工程师培养。2020届专升本自动化专业毕业生商怀宇同学入职五七二〇工厂后，在航空维修岗位上表现出突出的技能水平和良好的工作态度，得到企业高度认可。

校企双方签订"航空维修师'3+1'定制班培养三方协议"，批量培养"歼击机维修现场工程师"。校企双方按照"航空维修师"人才培养标准共同制定人才培养方案，完善课程体系，前三学年在校学习公共课程和专业基础知识，第四学年在企业完成专业理论、产品操作技能学习及认证考核，并通过校企"双导师"指导完成工程实践和毕业设计。项目至今共有近40名同学成功入围，涵盖机械电子工程、飞行器制造工程、自动化等专业，目前已全部毕业并考取"航空维修师"从业资格证书。学校与五七二〇工厂联合实施的"3+1"人才培养模式是学校服务国家战略，落实"立德树人"根本任务，积极探索中国特色学徒制的生动实践，进一步拓展并深化与行业头部企业的合作。以此为范式，学校与沈飞集团等中航工业企业达成合作意向，共同实施"3+1"定制人才培养，批量培养"现场工程师"，为强国强军建设做出"中德贡献"。

二、供给需求全方位融合，创新校企协同模式

天津电子信息职业技术学院依托"双高计划"软件技术高水平专业群的优势与特色，面向天津市智能科技主导产业，通过与天津七一二通信广播股份有限公司(以下简称"七一二公司")深化产教融合、校企合作，按照"团队融合、环境融合、项目融合、管理融合"的创新校企协同模式，在产品研发、创新应用、技术服务、人才培养等方面均取得了突出成效，实现了人才培养供给侧和产业需求侧结构要素全方位融合；服务北斗"大国重器"自主应用，打造技术创新服务样板，在支撑国家战略和区域经济社会发展方面发挥了引领与示范作用。

天津电子信息职业技术学院累计为信创产业输送人才2 800余名，

对接服务天津市津南区首批国家产教融合试点城市核心区企业 60 余家，技术服务信创企业产生直接经济效益 2 723.8 万元；引进人工智能头部企业商汤科技落户核心区，计划注册资本 5 000 万元，拟投入 1.5 亿元进行项目配套。与七一二公司共同研发的 GBAS 设备帮助北斗系统在我国民用航空领域完成测试应用，首次实现了"五个国产化"的结合。

天津电子信息职业技术学院为服务培养北斗产业核心及全生态人才奠定了良好的专业布局与发展基础。自学院与七一二公司合作共建"北斗卫星导航产教融合基地"项目以来，累计为七一二公司培养北斗卫星导航核心产业高端人才 30 余人，培养北斗相关行业、领域的技术技能人才 1 300 余人。学生在北斗专门竞赛中屡获佳绩，通过实施"131"人才战略，多措并举打造"双师型"教师队伍。学院与南开大学、天津大学等国内一流高校合作开展了"人工智能科教师资骨干班"等多个教师能力提升专项培训；长期选派专业教师参加"北斗卫星导航高级研修班"等多个相关业务领域的专门培训，累计培训北斗专项师资 30 余人次。

截至 2022 年，学院"双高计划"高水平专业群累计为数字产业输送人才 3 600 余名。

天津电子信息职业技术学院服务"部市共建标杆"建设，参与制定《教育部 天津市人民政府关于深化产教城融合 打造新时代职业教育创新发展标杆的意见》，主持起草《天津市高等职业院校产教融合试点项目管理办法》等制度、标准、调研报告 4 项；服务首批国家产教融合试点城市核心区建设；参与制定《津南区加快数字化发展三年行动方案》，牵头成立并制定 2 个产教联盟章程，制定《海河教育园区职业院校大学科技园建设方案》；服务职业教育国家教学标准体系建设；主持及参与制定《动漫制作技术专业教学标准》等 3 个国家级专业教学标准；主持及参与制定"1+X"《5G 移动网络运维》等 5 个职业技能等级标准。

天津电子信息职业技术学院与世界技能组织合作，参与制定世界技能职业标准 WSOS ；与商汤科技合作编制《AI 教育白皮书》，推介第六届世界智能大会前沿科技成果；参与服务北斗国际民航组织标准化工作团队，为北斗系统写入国际民航组织标准做出贡献。

三、携手中小微与龙头企业，共建"育研创培"产教融合基地

天津市职业大学自 2009 年起与天津奥展化工科技有限公司开展技术攻关合作。天津奥展化工科技有限公司是致力于化工反应与传质分离工艺技术及先进装备研发的国家级高新技术企业，2019 年入选天津市首批产教融合型企业建设培育试点。2020 年，天津市职业大学与天津奥展化工科技有限公司正式签订协议并启动共建"智慧化工生产性实训基地"和"天津奥展化工科技有限公司研发中心与小试基地"，以此为基础共同打造"育研创培四位一体"的产教融合基地。该基地成功实现校企智资深融和"资源、人员、技术、管理、文化"五维共享，彰显以研助育、以研卓课、以研促创、以研拓服的育人范式，构建了"中小微企业""龙头企业""高等职业学校"三元一体的产教融合模式的生态架构。

（一）"中小微企业 + 龙头企业 + 高等职业学校"三位一体深度融合互促模式

天津市职业大学在与龙头企业、小微企业的合作过程中，充分发挥其纽带作用，形成"中小微企业 + 龙头企业 + 高等职业学校"三位一体深度融合互促模式。引龙入校——引入龙头企业的新技术、新工艺、新规范等产业先进元素，并将其纳入教学标准和教学内容，引入龙头企业的产业领域专家实行双岗联聘；引校入龙——校外共建学生实习基地、教师实践基地；龙校助微——组建攻关团队和派驻科技特派员，助推小微企业发展；智资合融——校企共建智慧化工生产性实训基地、小试基地、协同创新中心，实施校企双"营"。

精准定位，供需融合。天津奥展化工科技有限公司着力打造高端

化工装备，与天津市职业大学生物环境工程学院合作，开展全要素供需融合。企业成功引入教授专家、科技资源、配套资源、文化环境、员工培育、成果转化、运营管理等，创新产教融合基地共建共管机制，搭建员工培育基地、技术攻关平台，获得高素质技术技能人才、成熟创新成果、优质行业声誉、政府优惠政策等。通过校企全要素供需融合，实现校企"共营＋共智＋共育＋共赢"。

智资深融，共管共营。基地由校企共同投资建设，总投资4 820万元，其中企业投资3 000万元。目前一期工程已完成，企业共捐赠价值320万元的设备，基础建设投资480万元；二期工程正在推进，企业预计投入资产1 700万元，研发资金500万元。基地将采用企业实体化运营模式，通过社会培训、技术服务、工艺包输出等途径实现可持续发展。

（二）"育研创培 四位一体"的产教融合基地

"育"——引新入课、以研卓课。将乙烯、聚氯乙烯、合成氨等新技术工艺和高效精馏塔、高端微反评价装置等先进化工装备引进智慧化工生产性实训基地，开发"化工机械与设备"（获评天津市高校新时代"课程思政"改革精品课）、"化工生产技术"等课程和实训项目；将化工分离工程技术、复合功能新材料等攻关项目引入天津奥展化工科技有限公司研发中心与小试基地，并结合专业人才培养方案，开发分离工程、功能材料等卓越课程。通过引新入课、以研卓课，显著提升专业课程和卓越课程的前沿性。

"研"——联合攻关、成果共享。将学院的技术、人力等资源以及先进、成熟的技术成果，与企业的先进科研条件和资金力量进行有机结合，促进科研成果尽快转化。共同组建化工工艺创新研发团队和功能新材料研发团队，搭建化工新材料检测平台、化工工艺研发工作室、功能新材料结构与性能表征平台与研发工作室等。2019年以来，联合攻关废机油再生研究等横向课题 10 余项，纵向省部级科研课题 3 项，天津市科技成果鉴定 2 项、科技成果登记 1 项，研究经费突破 500 万元，提高企业经济效益突破 2 000 万元。3 名教师获评天津市优秀科技特派员，成功打造天津市职业教育教师教学创新团队 1 个、全国石油和化工教育优秀教学团队 1 个。

"创"——研转并举、卓越双创。依托基地，实施"师生共研 + 双创共育"，助力孵化科技成果，实现"课程 + 产业"双转化，实现科技创新与双创育人双轨并行。近三年，科技成果产业转化 5 项，课程转化 5 项，形成教学资源在教学中使用，联合参加中国国际"互联网 +"大学生创新创业大赛并获得金奖 3 项、银奖 2 项、铜奖 1 项，见图 8-8。

图 8-8　第六届中国"互联网 +"大学生创新创业大赛金奖团队①

"培"——服务社会 辐射高校。依托基地，校企联合开发化工装备技术、化工生产技术、化工仪表自动化、化工安全生产等培训模块。为企业员工、退伍军人、下岗再就业人员、农民工等群体提供化工技术与安全培训。近三年共组织完成化工总控工、有机合成工、水生产处理工等 12 个职业 (工种) 共 942 人的考核取证工作，危险化学品重大危险源包保责任人 361 人、安全分管负责人 368 人，危险化学品执法干部能力提升培训 130 人，16 种危化工艺预计 800 人，累计培训天津科技大学、

---

① 天津职业大学和天津市职业大学是同一所学校，天津市职业大学是教育部备案名称。

河北工业大学、天津大学等本科院校学生 2 893 人，共为 7.5 万名社会人员开展培训。

通过校企全要素供需融合，实现校企"共营 + 共智 + 共育 + 共赢"，同时促进企业社会责任感的提升与企业家精神的升华。

案例十　推进电商技术应用，助力高质量发展电子商务

一、"小学徒"能干"大事业"，为天津老字号企业注入新的发展动力

天津交通职业学院的团队助推天津传统企业销售转型升级，提升天津老字号文化的市场影响力。学徒团队共同承接传统企业天丰裕、老字号老美华旗舰店直播与运营项目，以及天津老字号"鸵鸟墨水"淘宝店铺运营业务，2021—2022 年为企业累计完成 3 000 余万元销售额。学徒制作的天丰裕食品旗舰店新品数据分析图见图 8-9。

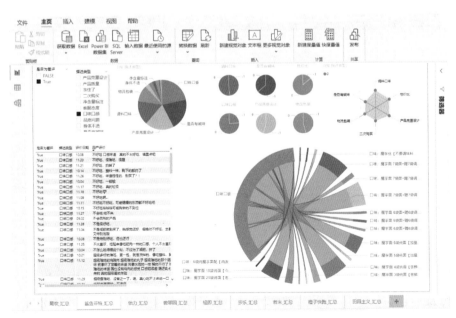

图 8-9　学徒制作的天丰裕食品旗舰店新品数据分析图

天丰裕食品旗舰店某时期销售量增长趋势见图8-10。

图8-10 天丰裕食品旗舰店某时期销售量增长趋势

学徒开展老美华旗舰店直通车作业后数据攀升，见图8-11。

图8-11 学徒开展老美华旗舰店直通车作业后数据攀升

学徒团队承接天津老字号"鸵鸟墨水"淘宝店铺运营业务三年来，2020年、2021年和2022年"双11"期间连续实现销售额70万元左右的业绩，同时实现运营成本降低至2020年同期的三分之一。鸵鸟墨水以其八十余年的文化底蕴和超前的独创核心技术始终代表着我国墨水产品水平，为振兴民族文化事业，壮大民族品牌做出了贡献。电商学徒团队为企业制作鸵鸟墨水品牌文化VR展示作品，助力企业宣传老字号品牌文化，将"业精夺魁、永不褪色"的鸵鸟品牌精神发扬光大。学徒团队指导教师刘建莉和张权为鸵鸟墨水、老美华等老字号企业提供数字商务数据分析诊断报告 6 份、策划案 6 份，为企业提供客服与运营业务优化服务，助力鸵鸟墨水、老美华等企业实现网络零售销售额突破 3 000 万元。

师佳凤是天津交通职业学院电子商务专业 2022 届的应届毕业生，作为老字号企业老美华的学徒，实习期间就成为老美华天猫直播间项目负责人。在岗位实践过程中，她认真学习、总结经验，一开始只能"摸着石头过河"，逐渐对店铺的玩法、内容、节奏了然于胸。2022 年 2 月起，她开始尝试在直播间里讲述老字号品牌故事，通过传播传统文化的方式为老美华鞋帽服饰带货，仅用 5 个月的时间，就让店铺销售额从每个月 1.5 万元直接飙升到 12 万元，不仅带火了产品，同时也提升了天津老字号品牌的市场影响力。"在直播中，我们并不是单纯的卖货，而是通过讲述品牌故事，让大家了解一双手工千层底布鞋从无到有要经历多少道工序，让观众明白，脚上穿的不仅仅是一双布鞋，更是匠人师傅们的匠心。通过弘扬传统文化，唤醒大家对中华民族传统手工技艺的热爱。"师佳凤说。目前，该店直播间业务正处在稳步上升的阶段。2022 年 7 月，师佳凤正式转正，成为一名"老美华人"。她表示，将把自己在学校的所学所思融入实际工作中，为社会创造更大的效益，为老字号的品牌振兴贡献才智与力量。

新冠疫情期间，天津市商务局组织企业抗疫复工复产的线上培训，分享学院与老字号"果仁张"的运营案例，学院为 683 名企业员工提供了电商业务培训。为老美华、鸵鸟墨水等企业提供 52 人次共计 392 课时的电商运营专项培训，提供数据分析诊断报告 8 份、运营策划案 8 份。团队为企业提供店铺客服、视觉设计、运营及直播业务服务，年均商品交易总额突破 3 000 万元。校内生产性实践基地开设"中华老字号品牌文化室"，开发了鸵鸟墨水品牌文化 VR 展示作品，年均接待参观、交流活动 200 余人次，以高素质学徒人才和高质量服务项目助力天津老字号企业升级发展。

"电商学徒"孵化项目，赋能区域电商企业。天津交通职业学院以实战教学项目培育"电商学徒"，以学徒人才与项目孵化为区域电商企业赋能。天津市国家级电子商务示范基地的建设推动了高效物流和电子商务等重点行动的开展，社会亟须具有数字商务与物流产业链背景的实战复合型电商人才。学院电子商务专业先后与天津市电子商务协会、天津服装商会联合共建国家级生产性学徒制培养基地，与阿里巴巴(中国)教育科技有限公司、天津互创空间企业孵化器有限公司共建数字商务产教融合实践基地，以学徒人才与项目孵化为区域电商企业赋能。

2016—2022年，天津交通职业学院与1个核心企业(互创空间企业孵化器)、N个雇主单位(天士力、飞尼克斯、老字号果仁张等14家企业)，共同打造政行校"1+N"学徒企业联盟制培养模式，实现淘宝大学认证讲师、校企学徒导师协作下的项目制实践教学，见表8-1。

表8-1 2016—2022年天津交通职业学院与"1+N"学徒企业联盟合作一览表

序号	学徒企业名称	合作内容
1	阿里巴巴(中国)教育科技有限公司	电商实践教学体系共建、课程资源建设、学徒制岗位培训、创新教学团队共建、教学成果共建
2	天津老美华鞋业服饰有限责任公司	学徒制培养(客服、数据化运营、视觉设计、直播运营岗位)、新零售项目服务、实习与就业基地
3	天津市鸵鸟墨水有限公司	学徒制培养(客服、数据化运营、视觉设计、直播运营岗位)、淘宝店铺项目服务、实习与就业基地
4	果仁张(天津)食品有限公司	学徒制培养(客服、数据化运营、视觉设计、直播运营岗位)、天猫店铺项目服务
5	天津天士力电子商务有限公司	学徒制培养(客服、数据化运营、视觉设计、直播运营岗位)、校企专业教学团队共建、实习与就业基地

序号	学徒企业名称	合作内容
6	天津飞尼克斯实业有限公司(天津服装商会会长单位)	学徒制培养(客服、数据化运营、视觉设计、直播运营岗位)、新零售项目服务、创新教学团队共建、专业活页式教材共建、教学成果共建、实习与就业基地
7	天津市天丰裕食品科技有限公司	学徒制培养(客服、数据化运营、视觉设计、直播运营岗位)、校企专业教学团队共建、专业活页式教材共建、实习与就业基地
8	天津华良包装有限公司	学徒制培养(客服、数据化运营、视觉设计岗位)、校企专业教学团队共建、实习与就业基地
9	天津宝恒集团(天津电商协会会长单位)	学徒制培养(客服、数据化运营、视觉设计、直播运营岗位)、实习与就业基地
10	天津电商协会金翎雁孵化器	学徒制培养(客服、数据化运营、视觉设计、直播运营岗位)、校企专业教学团队共建、课程共建、教学成果共建、实习与就业基地
11	天津志鼎汇科技有限公司	学徒制培养(VR产品开发岗位)、校企合作研发"鸵鸟墨水企业文化数字展馆"、实习与就业基地
12	天津金麒麟珠宝有限公司	学徒制培养(客服、数据化运营、视觉设计、直播运营岗位)、实习与就业基地
13	天津斯普林农林机械销售有限公司	学徒制培养(客服、数据化运营、视觉设计、直播运营岗位)、电商项目合作、实习与就业基地
14	库柏(天津)科技有限公司	学徒制培养(客服、数据化运营、视觉设计、直播运营岗位)、电商运营项目合作、实习与就业基地

　　天津交通职业学院引进淘宝教育实践教学体系,开发了专业职业能力标准体系,实现了专业标准化的岗位培训体系、基础理论知识体系、商业项目实战孵化体系的有机融合,制定了融合理论知识考核、"1+X"证书技能等级考核与企业岗位考核的课程标准;拥有"专家服务型""技术创新型"天津市级专业教学创新团队,近两年,学徒人才在各级各类专业技能竞赛及创新创业比赛中获奖百余人次,连续两年获得网店运营推广评价组织颁发的"书证融通奖"。

二、与京东共建跨境电商专业，共筑校企命运共同体

天津电子信息职业技术学院与京东集团旗下京东朝禾教育科技有限公司以双主体形式开展校企合作，共建京东商贸流通产业学院。基于国家"互联网＋流通"行动计划，依托学院"双高计划"项目，探索以"数字赋能、快速迭代、跨界融合、自立自强"为主要特征的内涵式发展，聚焦电子商务专业群建设，促进电子商务、现代物流管理、国际经济与贸易、大数据与会计等专业协同发展，服务"京津冀"一体化、天津市"一基地三区"战略，支持传统产业转型升级、打造高端新兴服务业要求，构建深度融合、协同发展的专业群体系。校企合作，产业学院以电子商务专业为核心，对应上下游产业链布局，电子商务、网络营销与直播电商、跨境电子商务方向对接现代服务业；共建电子商务专业群，创新校企合作机制，打造校企命运共同体，共建"京东商贸流通产业学院"。校企在人才培养、师资团队、技能竞赛、创新创业、教学科研等领域开展深度合作，取得显著成效。

（一）深化校企合作，共建京东商贸流通产业学院

定位于服务云计算、大数据、物联网、人工智能等新一代信息技术产业链中高端技术应用。学院还与京东深化校企合作，共建"津电"系列产业学院，打造中国职教的"津电模式"。京东商贸流通产业学院建设思路见图 8-12。

校企双方发挥各自优势，全面推进校企深度融合，助推商贸流通领域人才培养和科技成果转化，探索在人工智能、大数据、物联网等领域的合作。

产业学院以构建"产、学、研、转、创、用"一体，打造"互补、互利、互动、共生"的校企命运共同体为目标，通过对接产业链、多专业交叉复合的方式建设电子商务专业群，通过工学交替、课证融合的

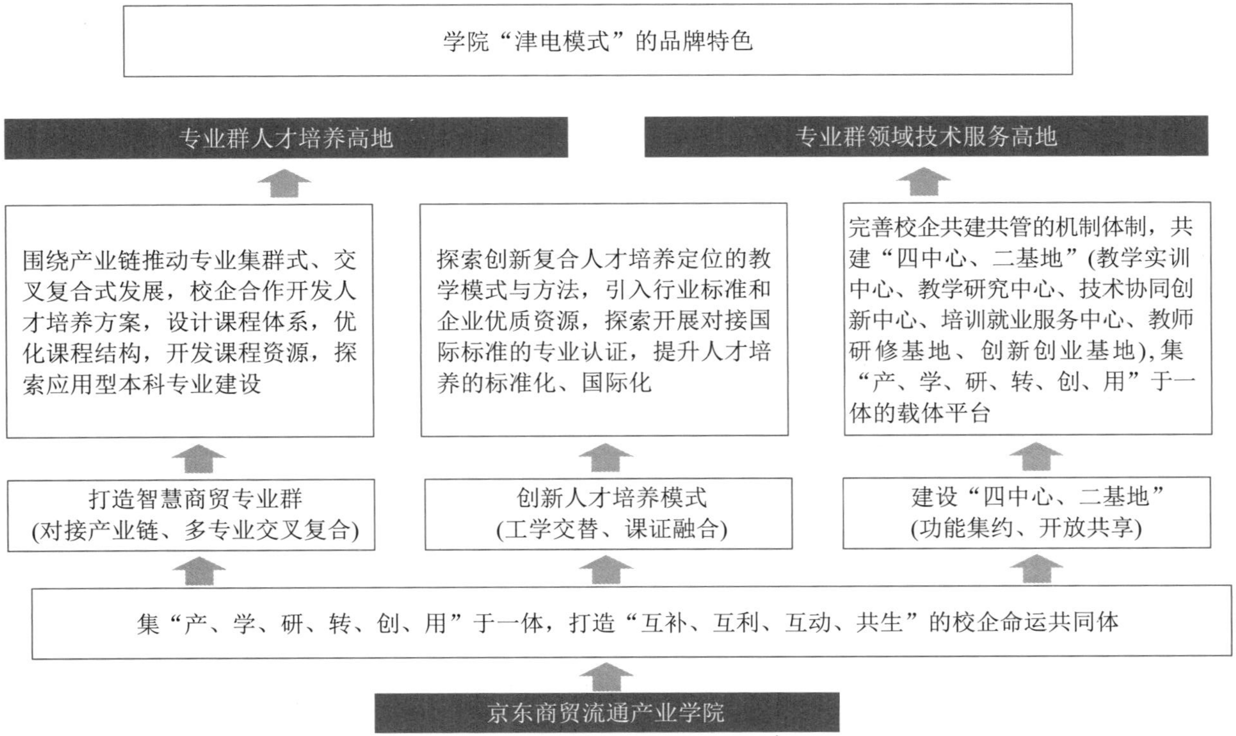

学院"津电模式"的品牌特色

专业群领域技术服务高地

完善校企共建共管的机制体制，共建"四中心、二基地"（教学实训中心、教学研究中心、技术协同创新中心、培训就业服务中心、教师研修基地、创新创业基地），集"产、学、研、转、创、用"于一体的载体平台

建设"四中心、二基地"（功能集约、开放共享）

探索创新复合人才培养定位的教学模式与方法，引入行业标准和企业优质资源，探索开展对接国际标准的专业认证，提升人才培养的标准化、国际化

创新人才培养模式（工学交替、课证融合）

专业群人才培养高地

围绕产业链推动专业集群式、交叉复合发展，校企合作开发人才培养方案，设计课程体系，优化课程结构，开发课程资源，探索应用型本科专业建设

打造智慧商贸专业群（对接产业链、多专业交叉复合）

京东商贸流通产业学院

集"产、学、研、转、创、用"于一体、打造"互补、互利、互动、共生"的校企命运共同体

图8-12 京东商贸流通产业学院建设思路

方式创新人才培养路径，探索订单班人才培养模式，基于功能集约、开放共享的理念建设产业学院下设的"四中心、二基地"，具有人才培养、教学研究、实训实践、师资培育、技术转化、培训认证、创新创业等功能。校企合作培养商贸流通领域高水平技术技能人才，合作开发教学资源，开展教育教学研究、实践，探索人才培养模式改革，培育双师型教师团队，共建技术协同创新平台，共同研发相关领域前沿技术，进行技术研究、开发、实验、推广工作；推动技术标准、人才标准的深度融合，合作开展"1+X"及相关认证培训，为京东生态圈企业及区域内中小微企业提供技术改造、产品升级、咨询决策的技术创新服务，为地区企业开拓境内外电商市场提供技术支持和服务。

（二）推进人才培养模式改革，合作开展教学研究

校企探索，合作制定电子商务、国际经济与贸易专业人才培养方案，共同开展专业课程研究、师生实习实践、举办技能大赛等教学研究工作：第一，借鉴京东电商产业链的先进技术和丰富实践成果，开展人才培养模式创新、内容创新，使人才链与岗位链有效对接，满足产业人才需求；第二，引入京东实战案例，合作开发企业级课程，涵盖 B2B、B2C、C2C、短视频等电商、大数据等多个领域，包含商务数据分析、基础运营、设计、推广、财务等专项训练，帮助学生全面掌握运营、设计、仓储管理等岗位工作技能，紧贴行业需求，提升学生的就业竞争力；第三，搭建产教融合云管理平台，运用信息化手段打通教学管理与企业模拟管理的对接通道，构建实战化教学环境；第四，校企共研"物流数据分析"等专业核心课程，共建 8 门京东电商一体化课程资源，修订电子商务等专业人才培养方案；第五，校企合作申报天津市职业院校"十四五"教育教学改革研究项目"电子商务专业群高水平师资队伍建设"，并通过立项；第六，基于校企合作成果，获评 2022 年天津市职业教育市级教学成果一等奖 1 项。

（三）引入企业生产性管理，开展实习实训教学

利用京东集团电商、跨境电商，以及人工智能、大数据、云计算、无人配送、智能供应链赋能智慧门店等方面的优势资源，对标专业群实训教学需求，教学实训中心规划建设智慧零售实训室、电商实训室、物流综合实训室等，用于满足教学实训、生产性运营、智能供货、商务数据分析、广告营销等实践教学功能。智慧零售实训室采用大数据、店内传感器及视觉分析等技术，通过数据分析对线下门店的选址、商品运营、用户运营做出优化指导；对门店进行及时补货，最大限度地提升门店补货效率、降低运营成本、提高配送员的收入，从而形成一套系统化的解决方案。智慧零售实训室内可实现通过摄像头采集、计算客流，分析顾客消费偏好，开展精准营销。

（四）共同举办直播带货大赛，以赛促教、以赛促学

创新创业、就业服务是产业学院建设的主要功能之一。为提升大学生创新创业能力，培养网络直播达人，在天津海河教育园区管委会与京东集团的联合发起下，天津电子信息职业技术学院依托京东产业学院举办了"全国大学生网络达人直播带货大赛"天津赛区的比赛。初赛阶段为2022年4月1日至4月22日，累计有本市16所高校的231支队伍，近800名师生参与，累计观看人数破百万，直播点赞量超5 000万。决赛阶段的比赛以线上形式进行，校企双方领导给予充分支持，并莅临决赛赛场。大赛涌现了一批大学生网络带货达人，充分体现了天津高校产教融合、校企合作开展技术技能人才培养的落地成果，实现了"行校企深融合，学创赛一体化，服务地区经济"的大赛目标，极大地提升了天津市各高校大学生创新创业能力，挖掘出一批大学生网络直播带货达人，带动天津市大学生就业创业。通过大赛选拔出的优秀选手在全国总决赛中也取得了优异成绩。

（五）开展专业技能培训，提升"1+X"证书培训质量

产业学院引入京东专业培训模式，校企合作开展取证培训、技能提升培训、企业入职培训、"1+X"证书培训等项目；完成智能仓储大数据"1+X"师资培训，完成"1+X"职业技能等级证书（中级）师资培训2人、认证讲师2人。依托产业学院为在校生提供就业培训及指导，搭建就业平台，构建毕业生人才储备库，推荐毕业生至京东产业链企业就业，享受优先入职京东权益；完成"物流管理""业财一体信息化应用""网点运营推广""财务共享服务""跨境电商B2C数据运营""供应链运营"等6个"1+X"证书取证培训考试，2022年度完成取证考试的人数为215人。

三、着力培养农村电商人才，推进数字媒体赋能乡村

基于电商人才注重实战培养和天津市广大乡村电子商务人才匮乏、普及率低并迟滞的现状，天津轻工职业技术学院建成了乡（镇）政府、电商行业协会、企业、学校四方主体紧密合作的协同创新中心，将电子商务人才培养与服务乡村振兴相结合。学院积极响应高职扩招政策，为乡村振兴提供电子商务人才引擎，为地方农业发展注入新动能。2019年，天津轻工职业技术学院电子商务专业在宝坻大口屯镇、静海良王庄镇、蓟州官庄镇、蓟州出头岭镇调研，招收200余名农民学生，采取灵活多元的人才培养模式，帮助农民从乡村的田埂迈进了大学的校门。

（一）坚持分类教学，提供人才培养"精准方案"

2019年学生入学前，通过广泛的学情调研，摸清百万扩招学生的教育基础、技能经历、年龄特点、认知特点、发展愿景等，按照"分类教学、精准培养"的理念，充分考虑百万扩招生的学情特点和学习要求，开设公共基础课、文化艺术课、专业核心课、专业拓展课、专业素养课及创新创业课程，制定个性化、精准式人才培养方案。

（二）专业教学面向服务对象，广泛开展乡村振兴项目

按照"需求导向、学生主体、市场运作、政府支持"的方式，以项目撬动市场，开展集电商直播、短视频拍摄制作、电商运营、社会培训于一体的综合性电商产业服务，以"授之以渔"的扶持方式为当地培养了大批技术技能人才。由百万扩招东店子村学生参与完成的"筑梦农产品生态品牌，做数智时代新农人"项目获得第七届中国国际"互联网"大学生创新创业大赛天津赛区比赛铜奖。

（三）实施"育训结合"的产教融合培养方式

学院与地方、企业紧密合作，根据百万扩招学生的生产、生活实际，依托校企合作企业，引入企业真实项目，学生自由选择项目，实施差异化教学，高效、有序地完成各项教育教学任务。校企双方共同参与各班次学生的人才培养，课程内容以乡村真实的网店运营和网络营销为主线，专业理论类的课程以校方主导，由具有丰富电子商务实操经验的企业导师讲解实操类、实训类的课程。

（四）灵活多样的"忙农闲学、产学并重"教学组织

落实百万高素质农民学历提升行动计划，积极探索农村实用人才培养方式，把教学效果写在大地上，把课堂教学搬到田野上，把创业创新实践办到农场里。依托信息化资源，开展针对性强的多元形式授课。采用线上和线下结合的学习方式，理论课以线上为主，专业实践课以线下为主。集中与分散结合，送教上门和多方授课结合。网络编辑、电商直播等实践教学过程中，将教学探索搬到"田间地头"，理论性较强的"商务数据分析"等课程由本校教师通过网络在线教学。

（五）百万扩招学生助力乡村振兴取得成效

师生借助"直播＋短视频"的方式助推石各庄镇敖东村金果梨、出头岭镇东店子村白灵菇等农产品营销，设计了雍贝金果梨等一批农产品

吉祥物，突出品牌效应；将课堂学习由教室转移到田间地头、村居民宅，将传统教学转变为开放式教学，将课堂教学变为现场观摩学习，提高课堂教学效果，提升人才培养质量，培养出一支懂技术、善经营、会管理的新型职业农民队伍，充分体现了高等职业教育的优势。

天津轻工职业技术学院电子商务专业组建了由专业教师、企业专家、一线运营技术人员组成的师资库，精准推出"农村电商直播""互联网＋乡村民宿"等一系列与区域农业产业转型升级相匹配的课程。

电子商务专业的学生实现了高质量就业，近五年平均就业率达到97%以上。在校生人数由2016年的240人增加到460人，实现了专业招生就业进出两旺。学院开发了武清东马坊非遗豆腐丝、敖东村金果梨等十余个项目，年均交易额2 000万余元，培训农民6 000人次。学生获得国家级奖项8项，市级奖项25项，百万扩招学生刘晓朋获得市级创新创业大赛铜奖，带领村民打造桑梓西瓜品牌共同致富。学生创业注册公司2家，团队申请了农产品电商运营数据分析系统等软件著作权、专利12项，获得各级奖项23项。该数据分析系统在蓟州、武清区出头岭镇、马伸桥镇、石各庄镇、白古屯镇10余个乡村得到推广和应用，建设了拥有直播录像和视觉营销等设备的5个电子商务服务站，服务项目涵盖了金果梨、东马坊豆腐丝、桑梓西瓜等农产品，津耐电器，以及津京罐头等乡镇企业产品。白古屯镇东马坊豆腐丝是市级非物质文化遗产，通过师生乡村振兴服务，从家庭作坊式销售到拼多多、淘宝平台皇冠店铺、抖音直播，实现大豆种植、现代化生产、豆腐宴旅游一二三产业融合，助力乡村产业振兴。天津轻工职业技术学院成为天津市农业农村委员会乡村振兴联盟成员，对接天津农村中心，做好直播服务活动。团队教师在天津市津南区政协十届一次会议上提出关于发展文化旅游产业，助力乡村振兴的提案。